ELLEN T. WHITE

DAS GEWISSE ETWAS

Für Mathilde und Mollie Brent
mit Dank an Paul Dixon

ELLEN T. WHITE

DAS GEWISSE ETWAS

WAS FRAUEN
UNWIDERSTEHLICH
MACHT

Ins Deutsche übertragen von
Katharina Kramp

Inhalt

Vorwort 7

TEIL I: ENTDECKEN SIE DIE VERFÜHRERIN IN SICH SELBST 11

Der Reiz der Archetypen 22
Die Göttin 24
    EVITA PERÓN 26
Die Kameradin 36
    LADY RANDOLPH CHURCHILL 38
Die Sexbombe 48
    MARILYN MONROE 50
Die Konkurrentin 60
    BERYL MARKHAM 62
Die Mutter 72
    WALLIS, HERZOGIN VON WINDSOR 74
Ein Wort über Archetypen 84

TEIL II: ENTWICKELN SIE IHREN EIGENEN STIL 85

Werden Sie unvergesslich 86
    Seien Sie exzentrisch
    GRETA GARBO 88
    Sorgen Sie für einen unauslöschlichen ersten Eindruck
    KLEOPATRA VII. 96
    Sorgen Sie für einen Skandal
    LOLA MONTEZ 102
    Betonen Sie das Exotische
    JOSEPHINE BAKER 108
    Finden Sie Ihren individuellen Duft
    COCO CHANEL 114

Geben Sie sich Mühe 122
    Versuchen Sie, schick zu sein
    JACQUELINE LEE BOUVIER KENNEDY ONASSIS 124
    Finden Sie Ihre lockende Stimme
    SARAH BERNHARDT 130

Ändern Sie Ihren Namen
MATA HARI 136
Lassen Sie Ihr Haar herunter
NICOLE KIDMAN 142

Entführen Sie die Männer 148
Bringen Sie ihn zum Lachen
CAROLE LOMBARD 150
Seien Sie eine gute Unterhalterin
VERONICA FRANCO 156
Lernen Sie kochen
NIGELLA LAWSON 164
Seien Sie eine Muse
ALMA MAHLER GROPIUS WERFEL 170

Locken Sie die Männer ins Schlafzimmer 178
Gestalten Sie die erotische Bühne
CORA PEARL 180
Nehmen Sie im Schlafzimmer das Zepter in die Hand
KATHARINA DIE GROSSE 188
Machen Sie einen Abstecher ins Abenteuer
ANGELINA JOLIE 194
Seien Sie anzüglich
MAE WEST 200
Bisexualität
COLETTE 207

Stehen Sie auf eigenen Füßen 214
Kämpfen Sie für etwas
SUSAN SARANDON 216
Feilen Sie an Ihrem Talent
EDITH PIAF 222
Bilden Sie sich weiter
CLARE BOOTHE LUCE 228

Schlusswort 235
Danksagung 236
Bibliografie 238
Bildnachweis 239

Ich will nicht leben – ich will
zuerst lieben und nebenbei leben.

— Zelda Fitzgerald

Vorwort

ICH HATTE SCHON SEHR LANGE VOR, eine Anleitung zur Liebe zu schreiben. Dabei sind die große amerikanische Literatur oder die Geschichte an sich nichts für mich – ich war immer fasziniert von den romantischen Details des menschlichen Liebeslebens. So frage ich jedes Paar stets, wie sie sich kennenlernten und was sie am anderen am meisten anzog. Für mich ist der Satz »Ich habe einen interessanten Mann getroffen« der Anfang von Stunden herrlicher Spekulationen.

Ich komme aus einer langen Linie von Frauen, welche die Verführung sehr ernst genommen haben – und die mit ihren Bemühungen überaus erfolgreich waren. Meine Großmutter lockte noch mit fünfundsechzig einen jüngeren Mann aus dem Junggesellendasein, nachdem sie zweimal verwitwet war. Meine Mutter, unter deren Jahrbuch-Bild als Titel »Wolverine« stand, empfing mit fünfundsiebzig noch Herrenbesuch. Im Gegensatz dazu war ich eigentlich ein Spätzünder. Als ich gerade zehn oder elf Jahre alt war, machte sich meine Großmutter so große Sorgen darüber, dass die Jungen nicht das erwartete Maß an Interesse an mir zeigten, dass sie und meine Mutter ein ernstes Gespräch mit mir führten. Bis zu diesem Zeitpunkt war ich ein gehorsames kleines Mädchen mit einem Einser-Notendurchschnitt – und wäre der Stolz jeder anderen Familie gewesen. Aber Verabredungen mit Jungen? Sie erwarteten tatsächlich von mir, dass ich mich verabredete? Ich hatte noch nicht mal Busen.

Und so ließ ich unter der mütterlichen Aufsicht von zwei Generationen die Schularbeiten beiseite und konzentrierte mich stattdessen auf die Verbesserung meiner Flirttechniken. Es war eine Schinderei. Während ich im Schneidersitz aufmerksam in meiner Schuluniform dasaß, brachte mir meine Großmutter einige Tricks bei, bei denen ich heute noch schamrot anlaufe. Ihr persönlicher Lieblingssatz lautete: »Ich habe gestern Nacht von dir geträumt«, was, wie sie erklärte, mit einem geheimnisvollen Unterton gesagt werden müsse. »Und wenn er wissen will, was ich geträumt habe?« fragte ich ernsthaft – eine Frage, die ihren Unmut ob

7

meiner offensichtlich fehlenden Fantasie erregte. Als ich mit achtzehn auf einer Gartenparty endlich genug Mut fasste, diesen Satz zu benutzen, erleichterte sich ein Vogel, der über mir vorbeiflog, gezielt auf meinen Oberarm.

Doch obwohl ich nur langsam vorankam, konnte ich eine respektable Sammlung von halbwegs verliebten Teenie-Verehrern vorweisen, als ich sechzehn war. Mein erster Freund Pete hat mir jeden Tag Gedichte geschrieben, während ich in der Schule war, und alle seine Briefe mit »Te quiero« (»Ich liebe dich« auf Spanisch) unterzeichnet. Ich hatte einige oberflächliche Sommerromanzen mit Jungen aus Long Island, Boston und Iowa, mit denen ich später noch korrespondierte. Aber in dem Jahr, in dem meinetwegen eine Kneipenschlägerei zwischen zwei Kerlen entbrannte, die dafür eine Nacht im Gefängnis verbrachten, hatte ich das Gefühl, endlich die Zone erreicht zu haben. Die Nachricht von meinem »Triumph« verbreitete sich in der Familie, die sich benahm, als hätte ich gerade ein Rhodes-Stipendium gewonnen – aus ihrer Sicht hatte ich das vermutlich.

Bewaffnet mit meinem Anfängerglück und einem guten Auge für große Liebesgeschichten nahm ich mein Studium auf. Ich las ein paar Romane von F. Scott Fitzgerald und erfuhr, dass seine Heldinnen Zelda Sayre nachempfunden waren, der legendären Südstaatenschönheit, die seine Frau wurde. Ich kaufte mir mehrere Biografien über sie. Später interessierte mich Jennie Jerome, das Mädchen aus der gehobenen amerikanischen Gesellschaft, das später die Mutter von Winston Churchill wurde. Jennie hielt nicht nur das viktorianische England mit ihren romantischen Heldentaten in Atem, sondern krönte ihre diesbezügliche Karriere, indem sie einen Mann heiratete, der genauso alt war wie ihr Sohn. Dann folgte mein Interesse an Kleopatra, der Kurtisane Veronica Franco und Pamela Harriman, neben vielen anderen.

Über all diese Frauen erfuhr ich sehr viel Interessantes und Faszinierendes, aber es war schwer, zum eigentlichen Wesen dessen vorzudringen, was diese Frauen für Männer so unwiderstehlich machte, ohne sie selbst in Aktion gesehen zu haben. Ich verstand, dass Jennies Scharfsinn einen großen Teil ihrer Attraktivität aus-

machte, aber wenn Verstand alles ist, was ein Mädchen braucht, würde Whoopie Goldberg dann nicht ständig Heiratsanträge ablehnen müssen? Und obwohl ich gelesen hatte, dass Pamela Harriman einige der einflussreichsten Männer der Welt verführte, indem sie an jedem Wort hing, das diese äußerten, machte sie das nicht irgendwie zu ihrem Fußabtreter?

Jahre später, als ich in Washington D. C. lebte, lernte ich eine zeitgenössische Femme Fatale namens Ruth Vogel kennen. Fast jeder möglichen Beurteilungsweise zufolge war Ruth unscheinbar – flachbrüstig und dünn, mit strähnigem blondem Haar, einer großen Nase und glänzenden kleinen Augen. Doch ihr ganzes Wesen strahlte die Überzeugung aus, dass sie eine umwerfende Schönheit sei. Sie schien den Männern immer ein Stück voraus oder gab ihnen zumindest dieses Gefühl. Sie war so etwas wie eine Göttin, wie ich bemerkte – verlockend, doch fern und unberührbar, obwohl sie immer eng mit Männern zusammen war. Außerdem besaß sie individuelle Eigenschaften, die ihre Anziehungskraft erhöhten. Sie war ungewöhnlich klug – eigentlich eine Intellektuelle, die Männer mit ihrer geistigen Beweglichkeit begeisterte. Und sie trug immer wunderschöne modische Sachen, die dennoch auf eine andere, romantischere Zeit hindeuteten. Sie war schwer zu fassen, eilte entweder weit voraus oder schien in einer anderen Zeit gefangen und verführte Männer zu überstürzten und beinahe selbstmörderischen Taten. Ich beobachtete es staunend.

Durch Ruths Beispiel begann ich einige fundamentale Wahrheiten zu verstehen. Es hilft zwar, schön zu sein, aber es ist nicht *zwingend* notwendig, um unwiderstehlich auf Männer zu wirken, und Schönheit allein reicht nicht. Die Männer fühlen sich am meisten zu Frauen hingezogen, die das »gewisse Etwas« haben und von ihrer eigenen Anziehungskraft überzeugt sind – eine absolute Notwendigkeit für jede umwerfende Frau. Und es ist vielleicht überflüssig zu erwähnen, dass diese Frauen Männer lieben. Außerdem genießen sie ihr Leben, so als sei das andere Geschlecht und das Leben zu ihrem Vergnügen erschaffen worden.

Außerdem erkannte ich, dass sich Verführerinnen in fünf voneinander zu unterscheidende Archetypen einteilen lassen – die Göttin, die Kameradin, die Sexbombe, die Konkurrentin und die Mutter –, basierend auf ihren jeweils dominanten Eigenschaften. Auf dieser Grundlage verfügt die unwiderstehliche Frau über eine Reihe von individuellen Launen, Tricks und Talenten, die sie ausmachen und ihren Reiz erhöhen, so dass ihre ganz persönliche »Note« entsteht.

Über die Jahre habe ich meine eigene bescheidene Anzahl von Heiratsanträgen, Verliebtheiten, schlechten Gedichten und sogar einen Liebesroman mit mir als Heldin gesammelt, aber ich empfinde mich selbst mehr als eine passionierte Studentin des Genres, und *Das gewisse Etwas* ist meine Doktorarbeit zu diesem Thema. Dieses Buch gibt Ihnen eine Anleitung an die Hand, wie Sie zu einer Verführerin werden können, wobei auffällig verführerische Frauen als Fallbeispiele erwähnt werden, die unbezahlbare und zeitlose Lehrstunden in Sachen Liebe geben.

TEIL I

Entdecken Sie die Verführerin in sich selbst

Die Suche nach der Verführerin

Sie wollen also eine Verführerin sein. Oder wenn nicht direkt eine Verführerin, so wollen Sie doch ein wenig von der Macht, welche diese über Männer hat, auch in ihrem Leben spüren. Vielleicht denken Sie dabei an einen Mann oder, was noch faszinierender wäre, gleich an ein ganzes Dutzend davon. Nun, dann sind Sie hier richtig. Auf diesen Seiten wurde das gesammelte Wissen von einigen der größten Verführerinnen der Geschichte auf das Wesentliche konzentriert und mit den Erkenntnissen einer umwerfenden, aber weniger bekannten Verführerin aus meinem Bekanntenkreis ausgestaltet.

Aber Verführerinnen werden doch geboren und nicht gemacht, oder? Nicht unbedingt. Wir alle verfügen über die Macht der Sirenen. Sie ist Teil unseres ureigenen Wesens, wenn wir nur den Mut aufbringen, sie freizulassen. Tief in uns haben wir alle die Kraft, Menschen anzuziehen – uns zu brüsten, aufzutrumpfen, unsere Flügel auszubreiten und die Männer zitternd auf die Knie fallen zu lassen. Aber zuerst müssen wir die Eigenschaften identifizieren und personalisieren, die uns so anziehend machen. *Das gewisse Etwas* legt sie Schicht für Schicht frei.

Wir fangen damit an, herauszufinden, wer die Verführerin ist und was ihre wichtigsten Wesenszüge sind – der Ausgangspunkt für Lektionen über die Liebe. Dann betrachten wir die Archetypen – Göttin, Kameradin, Sexbombe, Konkurrentin, Mutter –, wobei wir einige der Großen als Vorbilder benutzen. Schließlich konzentrieren wir uns auf Attribute, die ihren Reiz individualisieren. Sie werden lernen, wie Verführerinnen ihren eigenen Stil entwickeln, warum sie unvergesslich sind, wie sie Männer verzücken – sexuell oder auf andere Weise – und was Sie tun können, um genauso zu sein.

Verführerinnen halten sich nicht an die gängigen Vorstellungen, was brave Mädchen tun oder nicht tun sollten. Wenn die Verführerin sich weigert, ein Hindernis zu sehen, dann ist es auch nicht da. Um es auf den Punkt zu bringen: In

ENTDECKEN SIE DIE VERFÜHRERIN IN SICH SELBST 13

einer Männerwelt hat die Verführerin so viel Macht, dass sie fast immer ihren Willen durchsetzen kann – durch ihren eigenen unwiderstehlichen Stil und Charme. Sie bestimmt, wo es langgeht, und niemand wagt es, sie aufzuhalten.

Die Geburt der Verführerin

Die Geschichte der Verführerinnen beginnt im antiken Griechenland mit dem angeschlagenen Helden Odysseus, der pflichtbewusst durch zwölf Kapitel von Homers epischem Gedicht *Die Odyssee* stapft. Ich kann mich nur noch undeutlich an die Lektüre erinnern, da meine Hausarbeiten meistens auf einer Phalanx aus hastig gelesenen Zusammenfassungen beruhten. Man kann jedoch sicher behaupten, dass Odysseus' Reise um die Welt lang, ermüdend und erschöpfend und voller Gefahren war, von denen Sie und ich nur träumen können – im wahrsten Sinne des Wortes. Eine der größten Gefahren war seine Begegnung mit den mystischen Sirenen: halb Vogel, halb Frau und wirklich, wirklich gemein.

Odysseus' Zauberer-Freundin Circe hatte ihn vor dem tödlichen Reiz des Sirenenliedes gewarnt. Die Sirenen saßen auf einer Insel im westlichen Mittelmeer zwischen Aeaea und den Felsen der Skylla (d.h. irgendwo vor der Küste von Italien) und sangen vorbeifahrenden Matrosen etwas vor. Ihr Lied war so verführerisch, dass Männer ihr Heim, ihre Frauen und Kinder vergaßen und schnurstracks auf diese Liebchen zustürzten. Zwangsläufig fanden die Männer dabei an den Felsen den Tod. Aber Odysseus nahm sich Circes Rat zu Herzen, wies seine Männer an, sich ihre Ohren mit Wachs zu verschließen und ihren furchtlosen Kapitän – mit unverschlossenen Ohren – an den Mast zu fesseln, damit er das Lied der Sirenen hören konnte. Sie fuhren unbeschadet vorbei, und der Rest, so sagt man, ist Geschichte oder besser gesagt ein klassischer Mythos.

Die heutigen Verführerinnen

Die Sirenen von heute sind Frauen, die durch eine mysteriöse Kombination von Eigenschaften unwiderstehlich auf Männer wirken. Nicht unbedingt auf alle. Nicht auf jeden Mann zu jeder Zeit. Aber die Trefferquote einer Verführerin ist sehr hoch. Wir kennen diese Frauen als männermordende Vamps der Geschichte, von Kleopatra bis zu Angelina Jolie. Und sie leben, noch unerkannt, unter uns. Ohne es wirklich zu wollen, spielen Verführerinnen Männer gegeneinander aus, brechen ihre Herzen, lassen bei ihnen ungewohnte Tränen fließen und bewegen sie zu unbedachten Taten. Eine Verführerin hat einen Raum völlig in der Hand – oder zumindest die meisten Männer, die sich darin befinden –, sobald sie ihn betritt. Ohne eine Note zu singen, hat sie ein Lied, und Männer werden über alles hinwegklettern, was ihnen im Weg steht, um es zu hören.

Eine Verführerin muss kein Luder oder eine Sexbombe oder ein heißer Feger sein – eine der drei oben genannten kann aber sehr wohl eine Verführerin werden. Und man muss auch nicht zwingend jung, nackt oder schick angezogen sein. Tatsächlich möchte ich mich an dieser Stelle einmal weit aus dem Fenster lehnen: Körperlich einzigartig zu sein kann einen manchmal daran hindern, eine Weltklasse-Verführerin zu werden – trotz Helena von Troja. Schön zu sein ist zu einfach. Jeder fühlt sich automatisch zu schönen Menschen hingezogen; deshalb müssen schöne Menschen kaum je Zeit oder Energie darauf verschwenden, unwiderstehliche Persönlichkeiten zu werden, oder kalkulieren, wie sie das bekommen können, was sie wollen. Und Verführerinnen sind vor allem berechnend. Sie verlassen sich auf die Kraft ihrer Persönlichkeit, damit die Welt sie beachtet.

Das Wesen des Sirenenliedes ist und wird immer der Sexappeal sein – eine Eigenschaft, bei der Schönheit nur einen dekorativen Effekt hat. »Sexappeal hängt nicht ausschließlich von körperlichen Attributen ab«, sagte die Schauspielerin Dorothy Dandridge sehr richtig. »Es ist eine Art Vitalität und Energie ... es hat

etwas damit zu tun, wie man sich als Person fühlt.« Und Diana Vreeland hat vielleicht über eine Verführerin gesprochen, als sie sagte: »Man muss nicht schön sein,
um sehr attraktiv zu wirken.« Tatsächlich finden sich zahlreiche Frauen auf der
Liste der Verführerinnen, die körperlich nicht nur wenig anziehend, sondern völlig unscheinbar waren – wie die Herzogin von Windsor, die Kurtisane Cora Pearl
und die Sängerin Edith Piaf, um nur einige zu nennen.

Haben Sie absolutes Vertrauen in Ihre Wirkung

Die Verführerin darf ihre Fähigkeiten auf anderen Gebieten bezweifeln, aber sie
muss absolutes Vertrauen in ihre unwiderstehliche Anziehungskraft auf Männer
haben. Sie wurde mit diesem unerschütterlichen Vertrauen geboren, und es lässt sie
unter Dampf stehen, selbst wenn es kalt ist. Schließlich haben Verführerinnen –
genau wie wir alle – Tage, an denen ihr Haar nicht perfekt sitzt oder ihr Konto
überzogen ist. Und sie werden sogar gelegentlich von anderen Verführerinnen über-
trumpft. Das schillernde Hollywood-Sternchen Slim Keith zum Beispiel verlor
den zweiten Ehemann an die unterschätzte Pamela Churchill (später Harriman),
und Pam büßte den Fiat-Erben Gianni Agnelli ein, den sich eine italienische Erbin
angelte. Aber für eine Verführerin ist es der amouröse Erfolg, der zählt. Für sie sind
solche Tiefpunkte nur Ausnahmen, sie glaubt immer an ihren Triumph.

Sicher haben Sie das Phänomen schon beobachtet, dass eine Frau aus einem
unerfindlichen Grund so überzeugt von ihrer eigenen Schönheit, ihrem Talent oder
ihrer eigenen Wichtigkeit ist, dass sie die Welt täuschen kann. Selbst die, die nicht
auf sie hereinfallen, spielen das Spiel mit. »Sie ist so schön und intelligent«, hörte
ich Leute oft über eine Bekannte mit dieser Art von unerschütterlicher Selbst-
sicherheit sagen. Mir war aufgefallen (was vielleicht eine etwas gehässige Beob-

achtung war), dass die fragliche Dame ein Gesäß von der Größe eines privaten Hubschrauberlandeplatzes und zudem die Vorliebe hatte, völlig Offensichtliches ständig neu zu formulieren, als sei es eine frisch eingetroffene Nachricht. Fiel das denn sonst niemandem auf? Diese Gastgeberin aus der Politik (denn das war sie) faszinierte einen arabischen König (und einen ziemlich einflussreichen noch dazu) derart, dass er sie mit teuren Geschenken überschüttete, darunter ein weißer Araberhengst. Die Verführerin scheint über eine nie versiegende Quelle des notwendigen positiven Denkens zu verfügen.

Um eine wahrhaftige Verführerin zu sein, muss man beschließen, dass man einfach zu fantastisch und unwiderstehlich ist, selbst wenn man dafür genauso viel Mut und Vertrauen braucht wie für die Entscheidung, sich die Haare rot zu färben. Man muss diesen Entschluss gegen die eigenen emsigen und begründeten Einwände treffen. Die Beweislage ist dünn, meinen Sie? Die Geschworenen beraten noch? Nun, dann haben Sie es nicht verstanden. Inzwischen sollten Sie wissen, dass das Selbstbewusstsein an sich so anziehend ist. Suchen Sie nicht nach Beweisen für Ihre Attraktivität – schaffen Sie sie durch ihre hohe Selbstachtung. Selbst wenn Sie nur so tun. Betrachten Sie es als Aufführung und kleiden Sie sich entsprechend. Sagen Sie sich, dass Sie die Männer mit dem Knüppel vertreiben müssen. Sie werden feststellen, dass ein wachsendes Selbstvertrauen ein Gravitationsfeld entwickelt, das alle anzieht.

Feiern Sie die Männer

Verführerinnen beginnen ihre Sätze nie mit: »Das Problem mit Männern ist …«! Und sie erzählen auch keine Witze, in denen die Männer als das schwache Geschlecht dargestellt werden (es sei denn, sie sind wirklich, wirklich witzig). Und auf gar keinen Fall sollten Bücher in ihren Regalen stehen mit Titeln wie *Männer, die Frauen hassen, und die Frauen, die sie lieben.* Die einfache Wahrheit ist, dass Verführerinnen Männer lieben – individuell, als Gruppe – und das viel zu sehr, als dass sie schlecht von ihnen denken würden. Tatsächlich identifizieren sie sich stark mit den Männern. Und da die wiederum sich in dieser Wertschätzung sonnen, gestatten sie diesen verführerischen Frauen, sie um den kleinen Finger zu wickeln. Aber während eine Verführerin oft die Gesellschaft von Männern vorzieht, würde sie niemals selbst einer sein wollen. Sie findet es verdammt schade, dass Männer nicht den ganzen Spaß teilen können, den sie als Frau hat.

Das Leben ist für die Verführerin dazu da, es mit offenen Armen zu leben, in allen Variationen, zusammen mit den Männern. Aber sie genießt vor allem die Macht, die sie durch deren ungeteilte Aufmerksamkeit erlangt. Tatsächlich ist sie ein kleines bisschen süchtig nach dieser Aufmerksamkeit – es ist Teil dessen, was sie ist. Nehmen Sie einer Verführerin die Männer weg, und man hat immer noch einen beeindruckenden, faszinierenden Menschen vor sich, nur keinen sehr zufriedenen mehr. Zu Gloria Steinems Erklärung, dass »eine Frau einen Mann braucht wie ein Fisch ein Fahrrad«, würde die Verführerin sagen: »Haben Sie auch ein Fahrrad für zwei oder, besser noch, für drei?«

Also löschen Sie diese E-Mails, in denen alles Männliche verdammt wird. Beenden Sie die nächtlichen Klagestunden. Sehen Sie Männer in all ihrer fehlerhaften Glorie als Ihre besten Freunde und Brüder. Suchen Sie Gründe, Männer zu feiern, und werden Sie ganz weich hinter Ihrer süßen harten Schale. Obwohl das Herabsehen auf Männer das Erkennungszeichen der politisch korrekten Frau ist, seien Sie die Erste in Ihrem Bekanntenkreis, die diesem Trend ein Ende bereitet. Wenn Männer vom Mars stammen und Frauen von der Venus, dann verbinden sich diese Planeten im Universum der Verführerin.

VERFÜHRERINNEN FEIERN MÄNNER

Männer und Frauen sind zwei verschlossene Kästen,
die jeweils den Schlüssel zum anderen enthalten.

—*Isak Dinesen*

◆

Eine der besten Sachen an der Liebe ist,
wenn man die Schritte eines Mannes
die Treppe heraufkommen hört.

—*Colette*

◆

Männer sollten sich ihrer Körper als Objekte
des Entzückens viel bewusster sein.

—*Germaine Greer*

◆

Männer lieben intensiver mit zwanzig,
aber sie lieben besser mit dreißig.

—*Katharina die Große*

Natürlich kann man sich alte Gewohnheiten nur mühsam abgewöhnen, und
Sie ringen vielleicht damit, Ihre alte Einstellung in eine glänzende neue zu verwandeln. Es könnte Ihnen helfen, etwas über die Herangehensweise meiner verführerischen Großmutter zu erfahren. Schon als kleines Mädchen wusste ich, dass
sie bei Frauen stets strengere Maßstäbe anlegte als bei Männern und dass bei ihr
im Zweifel die Männer immer besser wegkamen. Mein Bruder musste nur sein en-
gelsgleiches Gesicht zeigen, um sich den Hauptgewinn zu sichern, während sie
stets ein wenig enttäuscht war, wenn ich nichts Kluges zu sagen wusste. Als ich

Teenager war, klärte sie mich über ihre Gründe dafür auf. »Frauen haben eine natürliche emotionale Intelligenz, wohingegen Männern nur stumpfe Werkzeuge an die Hand gegeben wurden«, sagte sie, als wäre das offensichtlich, »aber sie sind so entzückende Kreaturen. Versuch, ein wenig nachsichtig zu sein.« In Herzens- und Beziehungsangelegenheiten – der einzigen Welt, die für sie wirklich zählte – fand meine Großmutter, dass Frauen über die besseren Werkzeuge verfügten. Sie riet mir, diese weise einzusetzen.

Genießen Sie das Leben

Ob sie eine Exzentrikerin, eine Persönlichkeit, eine Sexbombe, eine Intellektuelle, eine Muse, eine Mutter oder eine Hure ist – die Verführerin genießt immer das Leben. Sie lebt es in vollen Zügen und ist fest entschlossen, es bis zur letzten Minute auszukosten. »Ich liebe das Leben, ich liebe die Menschen«, sagte Lady Randolph Churchill (Winstons Mutter), als sie mit Mitte sechzig gebeten wurde, ihre Beliebtheit bei jüngeren Männern zu erklären. »Ich habe alles kennengelernt, was die Welt zu bieten hat – alles!«, gestand die skandalträchtige Kurtisane Lola Montez auf dem Totenbett.

Obwohl ihre gesamte Existenz vielleicht von einem Mann abhängt (wie es in früheren Jahrhunderten oft der Fall war), macht die Verführerin das Beste aus ihrer kleinen Ecke der Welt, schmückt sie auf ihre eigene verwegene Art aus. Ich möchte hier gerne Margaretha Geertruida Zelle anführen, die sich Anfang des zwanzigsten Jahrhunderts unter dem Namen Mata Hari als Verführerin und Spionin neu erfand. Nach dem Tod ihrer Mutter brach sie aus, um einen holländischen Kolonialoffizier zu heiraten, ging mit ihm nach Indonesien, kehrte nach dem Scheitern ihrer Ehe ins Leben und in die Pariser Salons als »heilige Tänzerin aus einem Ganges-Tempel« zurück. So wie sie lebte, so verließ sie auch diese Welt. Bei ihrer Hinrichtung aufgrund einer hochgespielten Verratsanklage während des Ersten Weltkrieges warf Mata Hari, herausgeputzt und zurechtgemacht, ihrem Exekutionskommando eine Kusshand zu und lächelte, was einen Soldaten in Ohnmacht fallen und einen anderen staunen ließ: »*Sacre bleu*, diese Lady weiß, wie man stirbt.«

Riskieren Sie ein wenig Ablehnung. Lassen Sie unwesentliche Details weg. Versuchen Sie sich daran zu erinnern, dass das Einzige, das Sie fürchten müssen, nicht die Furcht ist, sondern tatsächlich Sie selbst. Genießen Sie das Leben, als wäre Ihnen plötzlich ein Vermögen in den Schoß gefallen, selbst wenn der Gerichtsvollzieher gerade an Ihre Tür klopft.

Hier für den Anfang eine kurze (Verführerinnen-)Liste mit Dingen, die das Leben lebenswert machen (in absolut zufälliger Reihenfolge):

- *Neue Kleider, die Sie selbstbewusst machen*
- *Reisen an einen exotischen Ort, um Ihren Horizont zu erweitern*
- *Wenn sich jemand so in Sie verliebt, dass er sich gerne zum Narren macht*
- *Wenn Sie bemerken, dass Sie wirklich gut in etwas sind, selbst wenn es sich nur ums Bettenmachen handelt*
- *Gute Bücher lesen, die Sie in eine andere Welt entführen und Ihnen etwas beibringen*
- *Das Meer und die Berge – die Realität und die Fantasie*
- *Wenn Sie wirklich, wirklich hart an etwas arbeiten und ein Ergebnis erzielen*
- *Freundschaften, die irgendwie überleben*
- *Wenn Sie unerwartet über etwas sehr bewegt sind*
- *Essen, das Sie an einen anderen Ort versetzt, selbst wenn es chinesische Datteln mit Popcorn sind*

Der Reiz der Archetypen

Wie hat Eva Perón eine ganze Nation verführt? Wollte Greta Garbo wirklich allein sein oder versuchte sie nur, die Männer zum Schwitzen zu bringen? Und wie, fragen sich viele, konnte sich Pamela Harriman gegen so viele attraktivere Frauen durchsetzen? Die Basis dieser Anziehungskraft sind die Archetypen.

Verführerinnen sind natürlich sehr stolze Individuen. Aber wie ein Sportwagen mit einem robusten Fahrgestell ruht jede Persönlichkeit einer Verführerin auf einer festen Grundlage – ihrem jeweiligen Archetyp. Verführerinnen gibt es in fünf Varianten, nämlich als Göttin, Kameradin, Sexbombe, Konkurrentin und Mutter. Und diese Kategorien entsprechen ungefähr den grundlegenden männlichen Bedürfnissen (nach Essen, Schlafen und einer möglichst glatten Rasur). Wenn Sie das bezweifeln, denken Sie über die oft beworbene Mutterfigur nach. Es ist allgemein bekannt, dass Männer niemals ganz darauf verzichten können, bemuttert zu werden, wie erwachsen sie auch sein mögen. Sie sind dazu veranlagt, analog zu Frauen, die stets auf die Ankunft des väterlichen »Ritters in der weißen Rüstung« warten.

Verführerinnen befriedigen diese uralten Bedürfnisse ungefähr so:

VERFÜHRERIN	GRUNDLEGENDES MÄNNLICHES BEDÜRFNIS
GÖTTIN	*Träumen*
KAMERADIN	*Freundschaft schließen*
SEXBOMBE	*Erschaffen (Vermehren)*
KONKURRENTIN	*Erobern (oder Zähmen)*
MUTTER	*Bemuttert werden*

Obwohl jede Verführerin vor allem einem bestimmten Archetyp zuzuordnen ist, kann sie auch verschiedene Aspekte in sich vereinen und anderen Kategorien etwas entlehnen – als Göttin etwa zugleich Teil der Konkurrentin sein. Oder sie wird, vielseitig wie sie ist, ihre Mütterlichkeit einsetzen, wenn die Situation es verlangt. Und jede Verführerin, ganz gleich um welchen Archetyp es sich handelt, wird wissen, wann sie die Sexbombe herausholen muss. Das Talent, eine Herausforderung anzunehmen, liegt in ihrem hoch entwickelten Verständnis für Männer und in ihrer intuitiven Fähigkeit, dieses auch entsprechend anzuwenden. Aber die Männer, die sich zum Beispiel zu einer Göttin-Verführerin hingezogen fühlen, sind vornehmlich von ihrer dominanten Eigenschaft fasziniert wie ihrem Geheimnis und/oder ihrer Entrücktheit. Die folgenden Kapitel untersuchen die Archetypen, wobei einige der berühmtesten Verführerinnen der Welt als Fallstudien dienen.

Die Göttin

WER KENNT IHN NICHT, den Reiz des Unerreichbaren – jenen Mann, der uns vervollkommnet, wenn er nur wüsste, dass es uns gibt? Nur diejenigen von uns, die schon einmal unglücklich verliebt gewesen sind, wissen um die exquisiten Schmerzen und Freunden der Sehnsucht nach dem, den wir nicht haben können. Aber wenn es Frauen schlecht geht, dann geht es Männern noch schlechter. Die Göttin-Verführerin spielt mit ihrer Sehnsucht, indem sie einen Teil von sich aufreizend außer Reichweite hält. Wie sehr der Mann auch versucht, sich zu lösen, er kann sie einfach nicht vergessen. Eine vollkommene Göttin-Verführerin bin ich immer dann, wenn ich mich überhaupt nicht für Männer interessiere – und ich bin immer wieder erstaunt, wie gut das funktioniert.

Beim Archetyp der Göttin geht es nicht vornehmlich um Sex, sondern um den verführerischen Reiz der Distanz. Sie nährt die männliche Überzeugung, dass die perfekte Frau existiert. Und natürlich bleibt dieser Traum im Mann präsent, so lange sie ihm nicht ganz gehört. Die Göttin isst, schläft und benutzt Zahnseide wie andere Sterbliche, aber es gelingt ihr, sich eine jenseitige Ausstrahlung zu geben. Wenn er ein Träumer ist, dann ist sie der Traum. Und weil sie sich selbst in den Mythos verliebt hat, gleicht ihre Fantasie einem perfekt aufeinander abgestimmten Tanz.

Göttinnen bezweifeln nicht, dass sie etwas ganz Besonderes sind, auch ohne Männer, die ihnen das bestätigen. Als Nestorin der Göttin-Verführerinnen kann Evita Perón bezeichnet werden.

Evita Perón

GEBORENE MARIA EVA DUARTE (1919–1952)

»Da war eine Frau von zerbrechlicher Erscheinung, aber mit einer starken Stimme, mit langem blondem Haar, das ihr offen über den Rücken fiel, und fiebrig glänzenden Augen«, schrieb ein verliebter Juan Perón, ein Oberst mit Star-Appeal aus der argentinischen Armee. »Sie sagte, ihr Name sei Eva Duarte, dass sie im Radio auftrat und dass sie den Menschen helfen wolle ... Ich war völlig gefangen von der Kraft ihrer Stimme und von ihrem Aussehen.«

Unwichtig, dass Eva Duarte von Radiohörern wegen ihres ländlichen Akzents verhöhnt wurde und dass ihr »blondes« Haar eigentlich pechschwarz war, als Perón sie 1944 kennenlernte. Er erinnerte sich in seinen Memoiren an eine ganz andere Eva. Man könnte natürlich behaupten, er sei vor Liebe blind gewesen, aber merkwürdigerweise machte Evita auf viele Leute den Eindruck, als käme sie auf einem weißen Ross daher. Blass, humorlos und ungebildet, benutzte sie das einzige Kapital, das ihr zur Verfügung stand – die verblüffende Fähigkeit, so zu wirken, als habe sie der Himmel geschickt.

Eva Duartes Geschichte ist natürlich legendär – der Stoff, aus dem Broadway-Musicals und Filme gemacht werden. Evas unglaublicher Aufstieg klingt am Ende wie eine Fabel, in der sie sowohl Robin Hood als auch die böse Hexe ist. Unehelich geboren entkam sie der entwürdigenden Armut des argentinischen Hinterlandes. Zehn Jahre nach ihrer Ankunft in Buenos Aires hatte sie sich selbst von einer faktischen Hure zu einer eher schlechten Schauspielerin und schließlich zur Geliebten von Juan Perón, Argentiniens Arbeitsminister, heraufkatapultiert – und inszenierte dann fast allein den Coup, der ihn zum Präsidenten machte. Wenn man Jackie Kennedys Anziehungskraft mal vier nimmt, dann kann man sich ausrechnen, welche Macht der Kult um Evita hat, Argentiniens ewiger First Lady. Jahre nach ihrem Tod durch Gebärmutterhalskrebs im Alter von nur dreiunddreißig Jahren versuchten die Argentinier, ihre Göttin als Heilige wiederauferstehen zu lassen.

Manche sagen, Evita schlief sich an die Spitze, und das tat sie, wobei sie ihre verschiedenen, sorgfältig auserwählten reichen Gönner benutzte, um ihre Karriere voranzubringen. Aber wenn nur Sex dazu nötig gewesen wäre, dann hätte irgendeine Frau ihren Platz einnehmen können. Also was war das für ein magischer Staub, den sie den Leuten in die Augen streute? Es ist wirklich schwer, die Verführung ihrer Liebhaber von ihrer Verführung der Menschen zu unterscheiden, die sie ihre geliebten *Descamisados* nannte (wörtlich übersetzt »die Hemdlosen«). Tatsächlich ähnelten sich ihre Vorgehensweisen. Ihrem Objekt der Begierde schenkte sie eine beinahe religiöse Zuneigung – eine sehr erfolgreiche Methode in einem Land voller frommer Katholiken – und erweckte den Eindruck, als sei sie selbst von einer Wolke herabgestiegen. Ihre zerbrechliche Erscheinung unterstützte diese dramatische Rolle. »Das Leben zeigt seinen wahren Wert, wenn man sich einem Ideal hingibt«, sagte sie in einer Rede laut ins Mikrofon. »Ich bin fanatisch für Perón und die *Descamisados*.« Über Perón begeisterte sie sich: »Er ist ein Gott für uns. Er ist unsere Sonne, unsere Luft, unser Wasser, unser Leben.«

Wegen ihrer Hingabe wurde die Märtyrerin schnell zur Göttin erhoben – oder vielleicht hat sie sich, wenn man es mal genauer betrachtet, auch selbst dazu gemacht. In ihrem opulent ausgestatteten Büro im Herzen von Buenos Aires hielt die mit Schmuck behangene First Lady fast so etwas wie päpstliche Audienzen ab, wobei sie die Taschen der Reichen leerte, um die Wünsche der Armen zu erfüllen. Männer knieten tatsächlich im Staub, um mit Blumen ihren Namen zu legen, auf denen sie dann entlangschreiten konnte. Ihr Bild hing in jedem Arbeiterhaus. Mit ihrer vornehmen Ausdrucksweise, ihrem strahlenden Aussehen und ihren sorgsam einstudierten Gesten gelang es Evita, als eine Frau in göttlicher Mission wahrgenommen zu werden – und die meisten glaubten, dass sie genau das war.

Evitas Lektion für die angehende Göttin

Zum Glück muss man nicht unbedingt ein kleines lateinamerikanisches Land erobern, um eine Göttin zu werden, obwohl die Fähigkeiten, die man für einen Coup d'etat braucht, durchaus nützlich sein können. Vielleicht sollte man Evitas kurzem und brutalem Leben nicht unbedingt nacheifern, aber es lässt sich nicht leugnen, dass Argentiniens First Lady uns etwas darüber beibringen kann, wie man Männer hörig macht und sie dennoch immer auf Distanz hält. Diese Macht besteht im Kern vor allem aus ihrer Fähigkeit, sich selbst in jenen entrückten Stoff zu verwandeln, aus dem Träume gemacht sind – eine List, die heute noch genauso gut funktioniert. Und so hat sie es angepackt:

Lektion 1: Strebe nach oben

Von den höheren Lagen von Buenos Aires aus meißelte Evita ihr Bild in Stein. In Anspielung auf ihren Erfolg sagte ein abgesetzter Präsident von Ecuador: »Geben Sie mir einen Balkon in jeder Stadt, und ich gewinne ihre Herzen.« Sie wusste um die Macht, sich wortwörtlich über die Menge zu erheben. Die Göttin-Verführerin versucht, sowohl physisch als auch psychologisch die Oberhand zu gewinnen. Man hat einen deutlichen Vorteil, wenn man größer ist als der Durchschnitt; wenn nicht, dann sollte man sich erhöhte Plätze suchen. Sie haben vielleicht bemerkt, dass der Typ Göttin auf der Armlehne sitzt oder sich lässig gegen den Tisch lehnt, anstatt sich hinzusetzen, und jede mögliche Bühne nutzt, die in einem Raum zur Verfügung steht – alles, was sie über das Getümmel erhebt. Wenn sie sich doch dazu herablässt, sich zu den Sterblichen zu gesellen, dann erscheint dieser Umstand bemerkenswert – wie bei der Prinzessin, die beschließt, sich einen Tag lang unters Volk zu mischen.

Tragen Sie Zehn-Zentimeter-Absätze und das Haar hochgesteckt. Bauen Sie sich einen Balkon, suchen Sie sich eine Treppe zum Heruntersteigen oder bauen Sie sich ein Haus auf einem Hügel. Es geht darum, den Männern einen steifen Nacken vom vielen Aufschauen zu verpassen. Und stehen Sie immer aufrecht. Selbst die kleinste Göttin wird ihre königliche Präsenz durch ihre zurückgenommenen Schultern und ihr vorgerecktes Kinn unterstreichen.

ELF DINGE, DIE EVITA NIEMALS TUN WÜRDE

1. flache Schuhe tragen
2. sich betrinken
3. ihre Haare nicht rechtzeitig nachfärben
4. einen Satz beginnen mit: »Bleiben Sie sitzen, ich hole das ...«
5. jemandem ihr Herz ausschütten
6. in einem Wettbüro herumhängen
7. bei Discountern einkaufen
8. Hausarbeit
9. einen Witz erzählen
10. die ungeschminkte Wahrheit sagen
11. sich weigern, am Protokoll festzuhalten

Lektion 2: Schaffen Sie eine Aura der Unsicherheit

Niemand wusste jemals, mit welchem Fuß Evita morgens aufstehen würde, und diese mädchenhaften Launen ließen alle auf Zehenspitzen um sie herumschleichen. Am Morgen ihrer Audienz bei Papst Pius XII. hatten ihre Mitarbeiter größere Angst davor, die launische First Lady zu wecken, als Seine Heiligkeit warten zu lassen. Die Hölle selbst kann nicht schlimmer wüten als eine verschmähte Frau. Bei Evita wurde man am Ende eines Tages vielleicht nach Uruguay verbannt oder bekam ein schickes neues Eigenheim geschenkt.

Sie sollten zwar Eva Peróns Beispiel nur in Maßen folgen, doch alle Göttinnen beanspruchen für sich einen, sagen wir, emotionalen Zorn. Sie schnurren, wenn ihre Männer ein Brüllen erwarten, und brüllen manchmal ohne Grund. Die Jungs sind merkwürdigerweise fasziniert von Frauen, bei denen sie niemals wissen, was sie erwartet. Es geht darum, ein winziges bisschen Ehrfurcht und Unsicherheit zu wecken, ohne dabei ein Monster zu werden. Männer möchten das Gefühl haben, dass es eine kleine – aber nicht unmögliche – Herausforderung ist, sie zufriedenzustellen.

Sagen Sie eine Verabredung zum Essen mit einer fadenscheinigen Entschuldigung ab. Lieben Sie diesen Monat Kaviar und hassen Sie ihn nächsten Monat. Gehen Sie eine Woche lang nicht ans Telefon, weil Sie über »Dinge« nachdenken müssen. Dann verwirren Sie die Männer mit üppigen Geschenken und großzügigen Komplimenten. Seien Sie sich allerdings bewusst, dass eine falsch kalkulierte Laune wie ein schlimmer Fall von prämenstruellem Syndrom gewertet werden könnte, was nicht sehr bestechend ist. Die erfolgreiche Göttin weiß immer, wann sie sich zurücknehmen muss, bevor sie zu weit geht. Sie wirkt immer wie eine Frau mit charmant hohen – wenn auch undefinierbaren – Ansprüchen.

Lektion 3: Kleiden Sie sich elegant

»Nicht unbedingt eine *Descamisada*, eh?« war Juan Peróns augenzwinkernder Kommentar zu Evitas Schrank voller Designerkleider. Auf eine Reise nach Europa 1947 nahm sie ihren Friseur und ihre Schneiderin mit – ebenso wie vierundsechzig Outfits und eine »prachtvolle« Auswahl an Juwelen. Mitten im Sommer trug sie schon mal einen bodenlangen Nerzmantel über der Schulter. Als man ihr riet, etwas bescheidener zu sein, sagte sie: »Hören Sie, die Leute wollen, dass ich schön bin. Sie träumen alle von mir, und ich will sie nicht enttäuschen.«

Die Göttin muss natürlich keine Krone tragen, aber ihr Aussehen sollte definitiv sagen, sie sei »wie eine Königin«. Das Geheimnis liegt im Detail. Tragen Sie immer etwas, das ausdrückt: »Ich habe eine Million dafür ausgegeben« – oder vermeiden Sie zumindest Sätze wie: »Nur ein Schnäppchen, ich habe gleich vier Stück gekauft.« Schwarze Perlen zum Beispiel oder ein bisschen Hermelin am Kragen. Wenn auf der Einladung »leger« steht, sorgen Sie dafür, dass Sie es nicht sind.

Greifen Sie auf Kleider zurück (es sei denn, Sie haben extrem lange Beine, die Sie zeigen möchten), um dieses exaltierte Aussehen zu erreichen. Die Stoffe sollten luxuriös sein, nicht bei dreißig Grad waschbar. Wählen Sie die edleren Labels wie de la Renta, Valentino oder Chanel – oder dergleichen – eher als die lässigeren von Versace oder Dolce & Gabbana. Zu Jeans tragen Sie immer ein richtig teures Top.

Lektion 4: Wählen Sie Ihre Worte weise

Sobald Evita an die Macht kam, verschwanden auf geheimnisvolle Weise alle Dokumente über ihre uneheliche Geburt, und offiziell abgesegnete Aufzeichnungen über ihre frühen Jahre fingen an, wie ein Mythos zu klingen: »Wie die Venus ... wurde Eva Perón aus dem Meer geboren.« In ihrer Autobiografie *Der Sinn meines Lebens* unterschlug sie Daten und Details aus ihrer Kindheit, und sie benutzte immer eine

sehr vornehme Ausdrucksweise, wenn es um sie selbst ging. Manchmal träumt die Göttin-Verführerin lieber davon, wie es vielleicht gewesen sein könnte, anstatt sich dem zu stellen, was tatsächlich passierte. Wie man so schön sagt: »Es ist niemals zu spät – in der Fiktion und im Leben –, es sich noch einmal anders zu überlegen.«

Als verführerische Göttin sollte man stets die Wahrheit sagen, man muss sich nur nicht mit Wahrheiten aufhalten, die einiger Erklärungen bedürfen. Wenn es angesprochen wird, lassen Sie es in Ihrem eigenen Verführerinnen-Licht erscheinen. Arbeitslos? Nein, meine Liebe, auf der Suche nach neuen Möglichkeiten. Vor zehn Jahren mal wegen Drogenbesitz angeklagt? Ein wildes und verrücktes Experiment zur Horizonterweiterung. Öfter geschieden, als man noch zählen kann? Dazu können Sie nur sagen, dass Sie eben eine sehr leidenschaftliche Frau sind – Sie sind immer gesprungen, ohne vorher nachzudenken. Die Göttin-Verführerin webt gern ein wenig Gold in ihr Bild.

DIE GÖTTIN 33

So schwer einem das heute auch fallen mag, die Göttin-Verführerin vermeidet auf jeden Fall anstößige Ausdrücke. Versuchen Sie es mit Aussagen, die ein bisschen königlich klingen, oder imitieren Sie den Akzent von Schauspielerinnen aus alten Filmen. »Bringst du jetzt endlich den verdammten Müll raus?« wird vielleicht zu »Könntest du dich vielleicht dazu überwinden, den Abfall zu entsorgen?« Göttinnen sagen übrigens auch nie, dass sie Sex haben, sondern dass sie sich »der Leidenschaft hingeben«. Das dauert doppelt so lange, aber die Extrameilen werden ihnen gutgeschrieben.

Lektion 5: Umgeben Sie sich mit einer Aura des leisen Geheimnisses

Evita besaß kein Talent zur Konversation, aber bei Göttin-Verführerinnen gilt ohnehin die Devise: Je weniger gesagt wird, desto besser. Ihr unerwartetes Schweigen macht andere ein bisschen nervös und bedacht darauf, ihnen zu gefallen. Wenn die Göttin die Aufmerksamkeit der Männer im Raum erregen will, dann wird sie eher schweigen als quasseln, und bald wollen alle unbedingt wissen, was sie gerade denkt.

Dadurch, dass sie das meiste für sich behält, überlässt die Göttin vieles der Fantasie und erhebt sich selbst über die laute Menge, die viel zu begierig ist, alles zu erzählen. Gehen ihr wichtigere Dinge durch den Kopf oder will sie einfach nur allein sein? Sie wird es niemals verraten.

Die Göttin-Verführerin ist geschickt darin, ihre Verehrer sehnsüchtig auf mehr warten zu lassen, und das berühmte Schweigen erhöht den Effekt. Manchmal kann sie aufreizend sparsam mit beruhigenden Worten oder Gesten sein. »War es schön für dich?« fragt er. »Oh, ich schätze schon«, sagt sie geistesabwesend und lässt ihn sich fragen, was genau schiefgelaufen ist. Durch ihre Verweigerung ist die Göttin-Verführerin eine von jenen seltenen Frauen, die einen Mann in die Besessenheit treiben können.

SIND SIE EINE GÖTTIN-VERFÜHRERIN?

Haben Sie das Potential, eine Göttin-Verführerin zu werden? Denken Sie über die unten genannten Fragen nach. Wenn Sie acht oder mehr mit Ja beantworten können, dann sind Sie auf dem richtigen Weg.

+ *Machen sich andere Gedanken darüber, wie Sie bestimmte Sachen aufnehmen werden?*
+ *Lassen Clubs, Mannschaften und andere Gruppenaktivitäten Sie kalt?*
+ *Sind Sie sehr wählerisch – lehnen Sie zum Beispiel immer den ersten Restauranttisch oder das erste Hotelzimmer ab, das man Ihnen anbietet?*
+ *Sind Sie launisch oder wechselhaft?*
+ *Behandeln Männer Sie oft so, als wären Sie zerbrechlich und bräuchten Ihren Schutz?*
+ *Macht Schweigen Ihnen weniger aus als anderen Menschen?*
+ *Finden Sie es himmlisch, bedient zu werden?*
+ *Haben Sie gerne alles unter Kontrolle?*
+ *Sind Sie gern allein?*
+ *Empfinden Sie sich selbst als ganz anders als andere Leute?*
+ *Ziehen Sie sich gerne besonders schick an?*

DIE GÖTTIN 35

Die Kameradin

IN DER SCHULE WAR SIE CHEERLEADERIN, im College das Partygirl, und jetzt ist sie wahrscheinlich eine beeindruckende Frau hinter einem erfolgreichen Mann. Die Kameradin ist *seine* Freundin, *seine* Verteidigerin, das Mädchen, das immer bereit ist, mit ihm zu lachen. Wenn sie stets den ungeschliffenen Diamanten erkennen kann, dann ist ihr Geheimnis einfach: In ihren Augen ist jeder Mann ein ungeschliffener Diamant. Wenn es um Liebe geht, dann verliebt sie sich schnell und heftig – und macht das Beste aus den Schlaglöchern auf dem Weg.

Die Kameradin-Verführerin ist auf jeden Fall sexy, aber vor allem eine Freundin. Mit einem Augenzwinkern schüttelt sie den Kopf über »seine« fehlenden Fähigkeiten im Haushalt, und sie bleibt lange mit ihm auf, wenn ihm der Sinn nach einer Partie Backgammon oder einem Glas Gin steht. Wenn sie besser auf seine Leidenschaften eingehen kann, dann deshalb, weil sie wie ein Chamäleon die Farbe wechselt, um danach wieder umzuschalten. Ihre Stärke ist ihr Einfühlungsvermögen. Dadurch formt sie diese äußerst wichtige Innigkeit, für die sie bekannt ist. Für Männer, die sich von den Launen des anderen Geschlechts verwirrt fühlen, ist die Kameradin eine willkommene Erleichterung. Eine Frau, die seine Räder ölt statt Fallen in einem emotionalen Minenfeld auszulegen. Für Lektionen in Sachen Liebe muss sich die angehende Kameradin-Verführerin nur die unnachahmliche Jennie Jerome ansehen, die Mutter von Winston Churchill.

Lady Randolph Churchill

GEBORENE JENNIE JEROME (1845–1921)

»Wenn ich mit jener Frau verheiratet wäre, von der ich dir erzählt habe«, schrieb ein verliebter Randolph Churchill an seinen Vater, den Herzog von Marlborough, »wenn ich eine solche Kameradin hätte, wie sie eine wäre, die sich für meine Karriereaussichten interessiert ... dann glaube ich, dass ich vielleicht ... alles oder noch mehr werden kann, als du dir jemals für mich gewünscht und erhofft hast.«

Das war mal Liebe auf den ersten Blick. Als er diesen Brief schrieb, hatte Churchill die schwarzhaarige Jennie, eine Amerikanerin, erst wenige Tage zuvor bei einer Jachtparty vor der Isle of Wight kennengelernt. Die beiden waren wie vom Blitz getroffen – sie beeindruckt von seinem Potenzial, er von ihrer Tatkraft und dem, was sie in ihm sah. Ihr Gefühl trog sie nicht. Während ihrer zwanzigjährigen Ehe stieg Randolph vom überraschend gewählten Parlamentsmitglied zum Finanzminister auf und wäre vielleicht sogar Premierminister geworden, wenn seine Syphilis, die er sich im Bordell holte, sein Gehirn nicht in Greyerzerkäse verwandelt hätte. Sie schrieb seine frühen Reden, organisierte politische Gesellschaften und Kundgebungen und sorgte dafür, dass sie mit Premierministern und Königen zusammenkamen.

Die in Brooklyn geborene Jeanette Jerome war die Tochter von Clara Hall und ihrem Mann Leonard Jerome, einem ehemaligen Anwalt und Diplomaten, der zum »König der Wall Street« wurde. Leonard liebte Frauen und Musik, normalerweise gleichzeitig. Er nannte seine Lieblingstochter nach der Operndiva Jenny

Lind, bevor Clara ihm auf die Schliche kam. Um einen Ozean zwischen sich und ihren Mann zu bringen, zog Clara mit ihren Töchtern in das Paris des Zweiten Kaiserreichs und später nach London – wo die amerikanische Vitalität der jungen Jennie ein Buschfeuer auslöste. Von der Presse eine »professionelle Schönheit« genannt, wurde sie von ihr genauso verfolgt wie Prominente heutzutage. Nach einigen Liebschaften mit verschiedenen Aristokraten erwählte sie Randolph im zarten Alter von neunzehn.

Sie schien »aus einem anderen Material zu bestehen als diejenigen um sie herum, strahlend, durchscheinend, intensiv«, schrieb der Staatsmann Lord d'Abernon in einer Beschreibung, die Jennies Verführerinnen-Anziehungskraft trifft. Sie trug »einen Diamanten im Haar, ihren Lieblingsschmuck – und sein Funkeln wurde von dem Glanz ihrer Augen überstrahlt«. Der Blick ihrer Augen glich »eher dem eines Panthers als dem einer Frau«, fuhr er fort, »aber mit einer Kultiviertheit, die im Dschungel unbekannt ist … Ihre Lebensfreude, der aufrichtige Wunsch, ihren fröhlichen Glauben daran zu teilen, ließ sie zum Zentrum eines ergebenen Zirkels werden.«

Um im Leben glücklich zu sein, braucht man jemanden, den man lieben kann, etwas zu tun und etwas, auf das man sich freuen kann.

— Lady Randolph Churchill

Randolphs politische Weggefährten waren ebenfalls in sie verliebt, schickten ihr Liebesbotschaften und Geschenke – und Jennie fügte ihre Verehrer ihrem großen Stall von Freunden hinzu und griff auf sie zurück, um die Karriere ihres Mannes zu befördern. »Nun, meine Liebe, welches Amt haben Sie für Randolph bekommen?« fragte ein verschnupfter Prinz von Wales (später König Edward VII.), als er sah, dass sie sich angeregt mit Benjamin Disraeli, dem damaligen Premierminister, unterhalten hatte. »Ich sitze neben …, wo ich doch neben Ihnen hätte sitzen können«, schrieb Arthur Balfour und unterschrieb seine Nachricht mit »Ihr unglücklicher Diener«.

In Jennie erkannten Männer etwas von ihrem eigenen Ehrgeiz, aber mit einem entscheidenden Unterschied: Sie war in der Lage, mit ihnen mitzuhalten – ritt wild mit der Meute, spielte leidenschaftlich gerne und verfolgte die Geschehnisse im Parlament so genau, wie es einer Dame erlaubt war. Aber sie genoss die Rolle der Drahtzieherin im Hintergrund. Stets die Kameradin, nie die Konkurrentin. Abends hüllte sie sich in Satin, aufreizend weiblich und bereit, Männer während des Essens mit intelligenten Fragen und geistreichem Geplänkel zu unterhalten. Sie dominierte niemals ein Gespräch, berichtete ihre Nichte, sondern war »ungeschlagene Meisterin darin, ein Thema aufzugreifen«, so dass Männer über das sprachen, was sie wollte.

Unsere Heldin war intelligent und sehr versiert – sie gründete und veröffentlichte ein literarisches Magazin, schrieb Theaterstücke und Memoiren, die sich sehr gut verkauften. Aber ihre beste Leistung waren ihre Männer. Nach Randolphs Tod heiratete sie noch zweimal, George Cornwallis-West und Montagu Porch – junge Männer, die nur halb so alt waren wie sie selbst und die sie zu Männern formte. Ihr besonderes Augenmerk galt ihrem ältesten Sohn Winston, dem sie half, Karriere im Parlament zu machen. »Sie verstand Winston«, schrieb ihre Nichte. »Seinen drängenden Ehrgeiz, seinen Hunger nach Ruhm …« Stets prahlte sie, sie würde achtzig werden, aber Jennie starb auf Verführerinnen-Art mit siebenundsechzig an den Folgen eines Sturzes, verursacht durch ihre hohen italienischen Schuhe.

Jennie Churchills Rezept für die angehende Verführerin

Aus Sicht der Kameradin-Verführerin hat sie das Beste aus zwei Welten – sie kann an seinem Erfolg teilhaben, ohne jedoch den Druck aushalten zu müssen. Auf ihrem Weg fehlt es ihr nie an Freunden oder amouröser Aufmerksamkeit. Wie gelingt ihr diese Gratwanderung? Lernen Sie in fünf Lektionen, wie Jennie es schaffte.

Lektion 1: Fördern Sie seine Stärken

Als Jennie den jungen Randolph im Jahr 1873 kennenlernte, war er arbeitslos, selten nüchtern und dabei, den Ruf seiner Familie zu ruinieren. Außerdem hatte er, wie Jennies Schwestern gerne betonten, »hervorquellende« Augen, ein affektiertes Lispeln und einen Schnurrbart auf der Oberlippe, der als Frettchen durchgegangen wäre. Und schließlich verfügte Randolph als zweiter Sohn des Herzogs von Marlborough nicht einmal über ein ordentliches Einkommen. Seine Aussichten wurden als düster beurteilt. »Der Nächste!« sagen Sie? Nicht Jennie. Sie verzichtete auf die Tänze auf dem Lido-Deck, da Randolph »auffällige Probleme damit hatte, seine Schritte den komplizierten Figuren der Quadrille anzupassen« (soll heißen: schlechter Tänzer). Er ist klug, dachte sie, als sie seinen beißenden Humor bemerkte. *Ding.* Er findet mich toll, was seinen ungewöhnlich guten Geschmack beweist. *Ding. Ding.* Und er hat einen Titel. *Ding. Ding. Ding.* Und sie hatte eine heimliche Vorahnung, was seine brillante Zukunft anging. Wo andere Probleme sahen, erkannte Jennie nur jede Menge Potenzial.

Das soll nicht heißen, dass die Kameradin-Verführerin Dummköpfe ertragen könnte. Zumindest nicht gerne. Aber in ihrer tief greifenden Wertschätzung der Männer konzentriert sie sich immer auf die guten Seiten. »Behandle deine Freunde« – und deine Männer – »so wie deine wertvollsten Bilder«, sagte Jennie,

»und rücke sie ins beste Licht.« Achten Sie auf seinen Feingeist anstatt auf seine Unfähigkeit, einen zusammenhängenden Brief zu schreiben. Seine Tischmanieren mögen grauenvoll sein, aber vielleicht versteht er sich auf aufmerksame Gesten. Daher loben Sie als Kameradin-Verführerin seine Talente, wo immer es geht. Die Kameradin ist so überzeugt von seinem aufstrebenden Genie, dass sie seine Königsmacherin wird – die Frau, ohne die er, wie er sehr wohl weiß, nur halb so gut wäre.

Lektion 2: Teilen Sie seine Leidenschaften

Jennie verwendete jeden Tag »eine Stunde oder mehr darauf ... die Zeitung zu lesen« und sie verschlang Gibbons voluminöse Abhandlung über den Untergang des Römischen Reiches, die ihr Liebster ihr ans Herz gelegt hatte. Wenn du dich unter Gladiatoren bewegst, würde unsere Verführerin sagen, dann heb nicht die Hände, weil du einfach nicht verstehen kannst, was am Löwentöten so toll ist. Die Kameradin schärft die Speere, macht ein paar hilfreiche Bemerkungen über den amtierenden Kaiser und abonniert *Die Pfählung*.

Damit ist nicht gemeint, dass man keine eigenen Interessen haben dürfte – nur, dass man versteht, was seine Leidenschaft ist. Fragen Sie nicht einfach: »Schatz, wie war es heute an der Börse?« Lesen Sie den Wirtschaftsteil und entwickeln Sie Ihre eigene Investmentstrategie. Wenn er ein geschickter Automechaniker ist, finden Sie heraus, was ein Vergaser ist. Der Typ strickt? Halten Sie die Wolle für ihn – natürlich möglichst leicht bekleidet. Wenn Männer Beziehungen durch Taten aufbauen, argumentiert die Kameradin, warum sollten Frauen dieses Spiel nicht mitspielen? Gibt es einen besseren Weg, eins mit ihm zu werden?

Lektion 3: Lassen Sie ihn glänzen

Ein Mann »wird ein Mädchen nicht besonders liebevoll betrachten, das ihn gerade auf seinem eigenen Tennis- oder Golfplatz geschlagen hat«, bemerkte die spätere Lady Churchill. Nicht, dass unsere Jennie es für nötig hielt, die »Männer immer gewinnen zu lassen«, wie meine eigene Mutter (die Kameradin) mir dringend riet, als ich mich mit meinem Schläger auf den Weg machte (in meinem Fall bestand ohnehin keine Gefahr). Mit entwaffnendem Charme stellte sich Jennie als die attraktive Schummlerin dar – und wirkte so nie wie die dreifache Bedrohung, die sie leicht hätte sein können. Sie war eine Meisterin darin, über sich selbst zu lachen.

Statt auf Komplimente zu warten, macht die Kameradin-Verführerin lieber einen Witz auf eigene Kosten – oder schiebt ihren Erfolg auf Glück oder einen besonders guten Tag. Sie verliert ihr Spiel, wenn sie muss. Es ist ihr nicht wichtig; sie sorgt lieber dafür, dass er zufrieden ist, und sichert damit den Frieden. Es liegt in ihrer Natur, das Rampenlicht zu teilen. Sie findet, dass es dann mehr Spaß macht.

Lektion 4: Machen Sie Limonade (aus Zitronen)

Mit Randolph verheiratet zu sein, war keine »Und Sie lebten glücklich bis an ihr Ende«-Angelegenheit. Da waren seine auf die Syphilis zurückzuführenden Launen, seine langen Auslandsaufenthalte und – okay – sein eventuell vorhandenes Interesse an jungen Männern. Immer, wenn sich Licht am Ende des Tunnels zeigte, ging er hin und ruinierte alles wieder, indem er etwas Dummes tat, wie zum Beispiel ein Mitglied der Königsfamilie zum Duell herauszufordern – was bedeutete, dass die beiden ein Jahr lang in Irland untertauchen mussten. »Das Leben ist nicht immer so, wie man es gerne hätte«, schrieb Jennie, »aber das Beste daraus zu machen, ist der einzige Weg, um glücklich zu sein.« Statt über das trübe Wetter in Irland zu jammern, veranstaltete sie Dinnerpartys – und servierte ein heißes Thema

44 DAS GEWISSE ETWAS

als Unterhaltungsgericht. War Jennie jemals mutlos? Nun, vielleicht ein bisschen. Aber ein Einkaufsbummel oder ein Ritt durchs Moor munterten sie jedes Mal wieder auf. »Mit Jennie unterwegs zu sein, war niemals langweilig«, sagte ein Bewunderer. »Ihre grauen Augen funkelten immer vor Lebensfreude.«

In einer schwierigen Situation packt die Kameradin ein Schweineohr in eine Prada-Tasche – und macht daraus einen Wahnsinnsspaß für sich und alle anderen. Und wenn ihre Mannschaft hinten liegt, dann wirbelt die Kameradin die Pompons in die Luft. Sie macht einen Stromausfall zu einer Séance, ein angebranntes Essen zu einer Gelegenheit, ein neues Restaurant auszuprobieren, und einen Fauxpas zu einer lustigen, selbstironischen Geschichte. Ein wenig Lebensfreude kann viel verändern. Ihr Enthusiasmus hat Sexappeal.

ZEHN DINGE, DIE JENNIE NIEMALS TUN WÜRDE

1. einen Satz anfangen mit »Das Problem mit dir ist ...«
2. finden, dass das Glas halb leer ist
3. Spielschulden nicht bezahlen
4. die Mitleidskarte spielen
5. eine Party auslassen
6. ihn wegen seines Schnarchens aus dem Bett verbannen
7. eine Herausforderung nicht annehmen
8. Leute aus einem Gespräch ausschließen
9. ein Wochenende ganz allein verbringen
10. sich beschweren, ihr sei langweilig

Lektion 5: Seien Sie da

Die Göttin reizt, indem sie immer außer Reichweite bleibt. Die Konkurrentin macht ihre Eroberung und geht. Aber bei der Kameradin bekommt man das, was man sieht: je eher, desto besser. Ihre Männer sollen wissen, dass sie für sie da ist und dass sie keine Versteckspielchen treibt.

Innerhalb und außerhalb der Ehe, neben ihren Ehemännern, mit zwanzig oder mit zweiundsechzig hatte Jennie unzählige männliche Verehrer – und niemals, weil sie schwer zu erobern war. Sie war überhaupt nicht schüchtern. Wenn sie sich verliebte (was nicht selten vorkam), dann setzte sie sich in den nächsten Zug. Während einer Wochenendparty in einem Landhaus suchte sie George Cornwallis-West in einer Jagdgesellschaft, weil sie ungeduldig auf seine Rückkehr wartete. Sie fuhr den Nil hinauf, um sich dem »schönen« Ramsden in die Arme zu werfen. Sie schlich sich nachts heimlich durch die Hintertür, um Küsse mit dem verwegenen Grafen Kinsky auszutauschen. Sie war nach drei Tagen mit Randolph verlobt. Zu einfach, denken Sie? Das fand auch fast die gesamte Londoner Gesellschaft, aber was kümmerte es Jennie? Ihre Verehrer fraßen ihr aus der Hand.

Verfolgen ist übrigens nicht die richtige Strategie – *Eine verhängnisvolle Affäre* sollte keine inspirierende Geschichte sein. Aber wenn die Kameradin ihn gewinnt, indem sie seine Kameradin ist, dann zieht sie sich nicht plötzlich zurück – es sei denn, er behandelt sie schlecht. Sie hat das unerschütterliche Selbstvertrauen einer Verführerin und nimmt deshalb an, dass er sie will. Eine Einladung in letzter Minute schreckt sie nicht ab, außer sie hat andere Pläne. Nachmittagsflug nach Paris? Sie hat ihren Ausweis dabei. Und die Einladung zum Essen um elf Uhr abends findet sie völlig selbstverständlich.

SIND SIE EINE KAMERADIN-VERFÜHRERIN?

Sie wissen, dass Sie eine gute Freundin sind – aber sind Sie eine Kameradin-Verführerin? Denken Sie über die unten genannten Fragen nach. Wenn Sie acht oder mehr mit Ja beantworten können, herzlichen Glückwunsch! Dann sind Sie eine wahre Kameradin.

- *Spielen Sie gerne im Team?*
- *Empfinden Sie Männer als wunderbare Spielkameraden?*
- *Würden Sie sich selbst als spontan bezeichnen?*
- *Organisieren Sie gern?*
- *Sind Sie eher extrovertiert als introvertiert?*
- *Fühlen Sie sich in der Gesellschaft von Männern wohler als in der von Frauen?*
- *Sind Sie Optimistin?*
- *Hassen Sie es, eine Party zu versäumen?*
- *Hält man Sie für vertrauenswürdig?*
- *Können Sie Menschen gut einschätzen?*
- *»Jonglieren« Sie gern mit Männern – das heißt, unterhalten Sie Beziehungen zu einigen von ihnen (nicht zwingend romantische)?*
- *Sehnen Sie sich nach Vertrautheit?*

Die Sexbombe

WENN ER STÄNDIG AN SEX DENKT, dann kommt es nicht überraschend, dass er von der Sexbombe träumt. Und wenn sie im Raum ist, dann haben andere Damen nicht den Hauch einer Chance. Sie ist das Pin-up-Girl schlechthin, lässt ihn nur noch an seine Lust denken – die sprichwörtliche süße und verbotene Frucht, die so gerne vernascht werden möchte. Die Sexbombe ist das archetypische »gute« Mädchen, das unanständiges Vergnügen im Schlafzimmer verspricht, ohne es tatsächlich zu sagen. Nur ein paar anzügliche Bemerkungen vielleicht.

Und das ist genau der Trick: Das Talent der Sexbombe, die Männer zu erregen, ist so groß, dass er zu keinem klaren Gedanken mehr fähig ist. Ihre »Unschuld« heizt sein Verlangen an, sie zu beschützen; sie provoziert den Lehrer und Mentor in ihm. Aber die Sexbombe riskiert, ein Klischee oder eine Karikatur zu werden – die riesige leere Leinwand, auf der er seine kunstvollen Fantasien festhält. Wenden Sie Ihre Lektionen sparsam an wie einen Tropfen Parfüm hinterm Ohr. Und denken Sie dran, dass die Talente der Sexbombe, wenn sie nicht gemäßigt sind, schnell altern. Wer außer Marilyn könnte hier unser Vorbild sein?

Marilyn Monroe

GEBORENE NORMA JEAN BAKER (1926–1962)

»Sie hatte etwas Leuchtendes an sich«, sagte ein Freund nach ihrem Tod, »eine Kombination aus Wehmut, Strahlen und Sehnsucht, das sie von anderen trennte und das doch alle wünschen ließ, ebenso zu sein, an dieser kindlichen Naivität teilzuhaben.«

Ach, Marilyn. Geboren als Norma Jean Baker wuchs die Tochter einer psychisch kranken Mutter und eines Vaters, den sie nie kennenlernte, bei verschiedenen Pflegefamilien auf und sehnte sich nach Liebe, die ihr niemand gab. Sie hätte sehr leicht einfach in Vergessenheit geraten können, wenn sie nicht mit dreizehn plötzlich diese kurvenreiche Figur entwickelt hätte. Mit einem Mal, zu ihrem großen Entzücken, »öffnete sich die Welt«, wie sie sich später erinnerte. Auf ihrer Suche nach Liebe machte die veränderte Marilyn das Beste aus ihrem Geschenk. Sie ging bauchfrei, zog zu enge Pullover an und lief an Kaliforniens Stränden entlang mit jenem Hüftschwung, der ihr Markenzeichen werden sollte. »Ihr wurde bewusst, was sie hatte, und sie scheute sich nicht, es zu zeigen«, sagte James Dougherty, der Fabrikarbeiter, den sie mit sechzehn heiratete, um nicht wieder in eine Pflegefamilie zu müssen.

Marilyns Filmkarriere gestaltete sich schwieriger, als man annehmen würde. Es gab unzählige Nebenrollen, geplatzte Studioverträge und die »Nackt«-Fotos, die beinahe ihre Karriere zerstört hätten. »Ich habe fünfzig Dollar damit verdient, die ich dringend brauchte. War das denn wirklich so schrecklich?« meinte das ge-

DIE SEXBOMBE 51

rissene »Opfer« über die Bilder, die im Playboy erschienen. Von ihrer Offenheit bezaubert, vergab ihr das Publikum. In Komödien wie *Manche mögen's heiß*, *Wie angelt man sich einen Millionär* und *Blondinen bevorzugt* definierte sie die amerikanische Sexbombe und stellte ihre sexuellen Reize mit engelsgleicher Unschuld zur Schau. »Sie war ein halbes Kind«, sagte Clark Gable, »aber das war nicht die Hälfte, die man sehen konnte.« Angefangen mit *Scudda-Hoo! Scudda-Hay!* bis hin zu *Misfits – nicht gesellschaftsfähig* drehte Marilyn neunundzwanzig Filme, die mehr Geld einspielten und mehr Fanpost auslösten, als Hollywood bis dahin jemals gesehen hatte.

Diejenigen, die sie liebten, erholten sich niemals davon. Obwohl er nur neun Monate mit Marilyn verheiratet war, verehrte Joe DiMaggio sie ein Leben lang, weinte offen auf ihrer Beerdigung und sandte jede Woche Blumen an ihr Grab. Der Dramatiker Arthur Miller ließ die Details ihres merkwürdigen Bundes in seine Stücke einfließen. Und die bewundernde Öffentlichkeit hält an ihren Erinnerungen an die Ikone fest: Marilyn in Das verflixte siebte Jahr, wie sie über einem U-Bahn-Gitter steht und ihr weißes Kleid hochgeweht wird. Marilyn, die mit atemloser Kinderstimme dem amerikanischen Präsidenten »Happy Birthday« singt. Unzählige Poster machen ihre platinblonden Locken und ihre geöffneten Lippen unsterblich. Werden wir jemals mit Sicherheit wissen, ob ihre Affäre mit John F. Kennedy der Anfang vom Ende war? Werden die Verschwörungstheorien jemals aufhören?

Betty Grable und Jean Harlow kamen vor ihr. Dutzende von Zelluloid-Sexbomben folgten. Aber was war es, das Marilyn so einzigartig machte? Mit einem Rollen ihrer Schultern und diesem hervorbrechenden Lächeln versprach sie Männern Sex ohne Verpflichtung, versehen mit dem Gütesiegel der guten Haushaltsführung. Sie vereinigte Kontraste in sich, war hilflos und doch sexuell aggressiv; kindisch und mütterlich; wirkte dümmlich und wusste doch sehr genau um ihren Effekt – und noch vieles mehr. »Sie hatte ein Talent dafür, Mitleid bei den Men-

schen zu erzeugen«, sagte einer ihrer Fotografen. Diese Verletzlichkeit löste das
nationale Bedürfnis aus, sie zu beschützen.

Lektion 1: Fragen Sie nach dem Weg

Obwohl Männer sich lieber schrecklich verfahren, als nach dem Weg zu fragen,
zeigen wissenschaftliche Studien, dass sie Frauen sehr gerne die Richtung weisen
– ein Tipp, den Marilyn früh in ihr Sexbomben-Spiel einbaute. Sie schuf sich ein
weitverzweigtes Netz von Männern, ohne deren Rat sie keinen einzigen Schritt
tat. Sollte sie diesen Film drehen, jenes Haus kaufen, diese Sachen tragen? Welches
Buch lesen, um intelligenter und informierter zu wirken? »Sie war wie ein verlo-
renes kleines Kätzchen«, sagte ein Beobachter. *Genau*. Ein kleines Sex-Kätzchen.
Kein Mann schien der Versuchung widerstehen zu können, Marilyns Svengali zu
sein, selbst wenn sie nur um die Erlaubnis bat, aus dem Bett aufstehen zu dürfen.
Aber in unserer schönen neuen Welt kostet Sie diese Art von jämmerlicher Ab-
hängigkeit vielleicht mehr, als Sie zu zahlen bereit sind. Dennoch vergibt sich die
angehende Sexbombe – selbst wenn sie einen Doktortitel hat und ein siebenstel-
liges Gehalt vorweisen kann – nichts, wenn sie einen Mann gelegentlich um Rat
fragt. Es spielt eigentlich keine Rolle, ob er weiß, dass sie das genauso gut selbst
wüsste. Er wird seine Ungläubigkeit gerne verdrängen. Hinterlassen Sie bei ihm
den Eindruck, dass Sie glücklich sind, unter seinen Fittichen zu stecken.

Es macht mir nichts aus, in einer Männerwelt zu leben – so lange ich darin eine Frau sein kann.

— *Marilyn Monroe*

Sie bemerken, dass er bei seiner Präsentation vor dem Aufsichtsrat besonders »energisch« und »visionär« war – ob er Ihnen vielleicht dabei helfen könnte, einen »kleinen Vortrag« für die Firmensitzung zu verfassen? Und da er so durchtrainiert ist, kennt er doch bestimmt ein gutes Fitnessstudio? Er wird dieses Verhalten genauso misstrauisch beäugen, wie es wahrscheinlich ist, dass Sie ein teures Geschenk ablehnen. Sie werden feststellen, dass es keine dummen Fragen gibt und dass Komplimente ihm nur wie ein verdientes Lob vorkommen.

Warnung: Diese Strategie kann bei täglicher Anwendung Schwindel und Übelkeit verursachen.

Lektion 2: Wackeln Sie beim Gehen mit den Hüften

Marilyn begann mit ein wenig Hüftwackeln beim Gehen, verfeinerte das jedoch zur hohen Schule am Set des Films *Niagara*. In einer aus der Ferne aufgenommenen Szene bringen ihre hohen Absätze sie auf einer kopfsteingepflasterten Straße aus dem Gleichgewicht und verursachen die Wellenbewegung, für die sie bekannt war. Ihr Lauf, insgesamt vierzig Meter Film, war der längste in der Filmgeschichte und sorgte für so viel Aufsehen, dass Marilyn von da an nur noch so ging.

Okay, Sie haben Jahre damit verbracht, sich diese sachliche Art des Gehens anzugewöhnen – die, welche Möchtegern-Räubern und sexuellen Belästigern am Arbeitsplatz signalisiert, dass mit Ihnen nicht zu spaßen ist. Aber jetzt wollen Sie eine Verführerin sein. In Ihrer Gegend gibt es kein Kopfsteinpflaster? Lassen Sie sich davon nicht aufhalten. Verbringen Sie ein Wochenende auf dem Land und tragen Sie dabei Zehn-Zentimeter-Absätze. Während Sie auf hinreißende Weise über unebenes Terrain laufen, um ein Zelt aufzuschlagen oder Kleinholz zu sammeln, konzentrieren Sie sich darauf, Ihren Gang locker und geschmeidig werden zu lassen. Wie immer macht Übung den Meister. Bald werden Sie die Hüften schwingen können wie die ganz Großen.

Vor der Ehe muss ein Mädchen einen Mann verführen, um ihn zu halten. Ist sie erst verheiratet, muss sie ihn festhalten, um ihn verführen zu können.

— *Marilyn Monroe*

ELF DINGE, DIE MARILYN NIEMALS TUN WÜRDE

1. ihr Konto ausgleichen
2. in der Öffentlichkeit eine Jogginghose tragen
3. ihren BH verbrennen
4. ohne Lippenstift und Parfüm das Haus verlassen
5. irgendwo pünktlich erscheinen
6. sich über einen Blondinen-Witz aufregen
7. eine Zwangsneurose entwickeln
8. versuchen, nicht sexy auszusehen
9. am richtigen Ort nach Liebe suchen
10. ein Gespräch beginnen mit »Wissenschaftliche Studien belegen ...«
11. den Hörer neben das Telefon legen

Lektion 3: Tragen Sie eng und weiß

Die Sexbombe wandert auf einem schmalen Grat zwischen kindlicher Unschuld und wissender Frau – und sie verliert das Gleichgewicht, wenn sie wie eine schlampige Herumtreiberin aussieht. Sehr oft trug Marilyn weiß und markierte damit das unauslöschliche Bild des schimmernden Sex-Engels. Die Lösung finden Sie vielleicht in den heilsamen Klamotten im Fünfziger-Jahre-Stil, genauso wie Marilyn. Nehmen Sie Tupfen, schulterfreie Dekolletés, Wespentaillen, Push-up-BHs und kokette Röcke wieder in Ihre Garderobe auf.

Alles an Ihrer Kleidung sollte »blitzsauber« ausstrahlen, selbst wenn Sie einen Lederbüstenhalter und Ketten tragen. Denken Sie daran, Sie sind das Mädchen, das die Sünde süß macht. Stellen Sie sich June Cleaver auf dem Weg zu einem Schäferstündchen mit Ward vor oder Britney Spears auf dem Weg ins Sommerlager. Alles sitzt ein bisschen zu eng und ist ein paar Zentimeter zu kurz und enthüllt provokativ ein Stück Haut. Was die Unterwäsche angeht, sie sollte feminin und teuer sein, es sei denn, Sie hätten »vergessen«, überhaupt welche anzuziehen.

Lektion 4: Erzählen Sie Ihre traurige, traurige Geschichte (optional)

Marilyns Geschichte von ihren Pflegefamilien und lüsternen Verwandten und ihrer psychisch kranken Mutter waren immer wirkungsvoll, obwohl sie sich bei jedem erneuten Erzählen veränderten. Selbst bei Kleinigkeiten spielte Marilyn immer die kleine Nell, die an die sprichwörtlichen Bahnschienen gekettet ist. Entweder hatte sie »seit gestern nichts gegessen«, oder sie war »erschöpft« von den Anstrengungen, die ihr ihre Karriere und ihre Fans abverlangten. Ich werde den Umständen entsprechend damit fertig, schien ihre Darstellung zu sagen – aber, Menschenskind, ich hoffe, es kommt bald Hilfe.

Durch ihre traurigen, traurigen Geschichten sucht die Sexbombe nach der Möglichkeit einer Rettung – und fördert den heroischen Feuerwehrmann in jedem Mann zutage. (Hey, will nicht jeder kleine Junge einer sein?) Es hilft natürlich, wenn man wirklich etwas zu erzählen hat. Holen Sie jene epischen Kämpfe von damals wieder hervor, als Sie jung und naiv oder verlassen waren oder als die Dinge außer Kontrolle gerieten. Lesen Sie zur Inspiration die klassischen Geschichten, welche die Literatur anheizen oder die altbewährten Märchen. Aber verzichten Sie auf Geschichten über Liebhaber, die Ihnen Unrecht getan haben. Warum ihn an die erinnern, die vor ihm kamen?

Lektion 5: Sehen Sie immer so aus, als seien Sie bereit für Sex

Marilyns erster Mann beschrieb sie als eine unersättliche Nymphomanin mit einer gefährlichen Vorliebe für Sex im Auto. Das sah Marilyn ein bisschen anders. Dennoch lässt sich nicht leugnen, dass unsere Verführerin ausschaute, als käme sie gerade aus dem Bett oder würde zu einem flotten Dreier bald wieder hineinsteigen. Die Sexbombe muss sexuelle Verheißung ausstrahlen, selbst wenn sie keine Taten folgen lässt. Sie ist ständig bereit.

Wenngleich zwar immer blitzsauber, parfümiert und provokativ angezogen, sieht die Sexbombe dennoch nie zu perfekt oder durchgestylt aus. Betonfrisur und gestärkter Kragen erinnern nur an diktatorische Nonnen oder Pflegerinnen in der Irrenanstalt. Ein bisschen Unordnung unterstützt das Bild der sexuellen Offenheit. Aber entscheidend ist natürlich der eloquente Einsatz der Körpersprache.

Die Sexbombe lehnt sich immer zu einem Mann hinüber und drückt die Schultern zurück, bewegt leicht die Hüften. Rücken Sie gedankenverloren Ihre Kleidung zurecht und fahren Sie mit den Fingern über Ihre Brust oder Ihre Lippen. Häufiges und zärtliches Berühren ist der Schlüssel. Drücken Sie sanft gegen seinen Ellbogen oder Unterarm. Schieben Sie eine seiner Haarsträhnen hinter sein Ohr. Wenn Sie mit ihm tanzen, dann immer Wange an Wange. Berühren, berühren, berühren. Es geht nichts über die elektrisierende Macht des Haut-an-Haut-Gefühls.

Lektion 6: Perfektionieren Sie das Verrutschen Ihrer Garderobe

Janet Jackson rangiert unter »ferner liefen« verglichen mit Marilyn, die für das größte Verrutschen von Kleidung in der Geschichte der Unterhaltung sorgte: in *Das verflixte siebte Jahr* gerät der Rock ihres seidig-weißen Kleides in den Aufwind aus einem U-Bahn-Schacht und enthüllt ihr Höschen. Aber Marilyn war vor und hinter der Kamera eine Expertin. Sie manipulierte einen Träger so, dass er riss, und suchte dann hektisch nach einer Sicherheitsnadel, um den Tumult zu verlängern. Oder verzichtete ganz auf Dessous, um den Jungs eine unerwartete Freude zu machen.

Es gibt keinen billigeren Nervenkitzel für einen Mann, als wenn die Garderobe einer Frau verrutscht und unerforschtes Körperterrain enthüllt. Der geschlitzte Rock, die hängenden Schulterträger und der tiefe Ausschnitt haben alle unerschöpfliches Potenzial – obwohl man gut daran tut, keine Hose zu tragen, die so eng ist, dass aus Versehen das Hinterteil entblößt wird. Wenn Sie mutig genug sind, laufen Sie eine Woche lang ohne BH und tragen Sie stattdessen enge Shirts. Schlagen Sie alle Bedenken in den Wind und stecken Sie heimlich ihr Höschen in die Handtasche. Wenn Sie das glückliche Opfer eines plötzlichen Aufwindes werden, denken Sie dran, überrascht und ein bisschen mädchenhaft verlegen zu tun. Sittsamkeit zu zeigen, ist extrem wichtig.

SIND SIE EINE SEXBOMBEN-VERFÜHRERIN?

Sie ist das köstlichste Bonbon. Besitzen Sie die Cremefüllung der Sexbombe? Beantworten Sie acht oder mehr Fragen mit Ja, dann sind Sie eine echte Marilyn.

+ *Spielen Sie gerne die Hilflose, um einer Klemme zu entfliehen?*
+ *Gibt es Ihnen ein Gefühl von Macht, wenn Männer sie unverhohlen sexy finden?*
+ *Meinen Sie, dass Jane Fonda in* Barbarella *ein interessanteres Vorbild ist als Condoleezza Rice?*
+ *Genießen Sie es, wenn Männer sich um alles kümmern?*
+ *Sind Sie stolz auf Ihre Weiblichkeit?*
+ *Stehen Sie gern im Zentrum der Aufmerksamkeit?*
+ *Kommen Sie sich altbacken vor, wenn Sie keine Haut zeigen?*
+ *Belehren die Männer in Ihrer Umgebung Sie gerne?*
+ *Hatten Sie eine unglückliche Kindheit?*
+ *Suchen Sie in Ihren Beziehungen nach einer Vaterfigur?*
+ *Werden Sie manchmal als unbedarft oder unschuldig empfunden?*
+ *Ist es eine Katastrophe für Sie, wenn Sie Schminkkoffer/ Kosmetiktasche verlieren?*

Die Konkurrentin

IN IHRER KINDHEIT WAR SIE EIN WILDFANG, das Mädchen, für das »Kleid« ein Schimpfwort war. Vergessen Sie Barbie. Unsere Konkurrentin spielt lieber mit ihren Brüdern – baut Baumhäuser, fährt mit dem Rad durchs Gelände und denkt sich ständig neue Wege aus, etwas in die Luft gehen zu lassen. Hat sich das alles mit dreizehn geändert? Nicht für die Konkurrentin-Verführerin. Sie ist am glücklichsten, wenn sie sich auf einem Spielfeld voller Männer tummeln und furchtlos Regeln brechen kann. Sie hat die Seele des Jägers und Sammlers, abgemildert durch die verführerischen Linien einer Dame.

Männer sind fasziniert von der Unabhängigkeit der Konkurrentin und davon, dass sie ihrer offensichtlich nicht bedarf, obwohl das eher eine Illusion ist als die Wahrheit. Hinter der Fassade der Gleichgültigkeit braucht sie ihre Gesellschaft genauso wie das Gefühl, immer die Erste zu sein. Er bewundert ihren Mut, ihr Können, selbst das Eiswasser, das manchmal durch ihre Adern fließt. Sie fordert wenig und stellt ein aufregend hohes Risiko dar. In der Konkurrentin-Verführerin findet er seine leidenschaftliche Seelenverwandte und eine gleichgesinnte Abenteurerin. Auf seiner Fantasiereise um die Welt kann er sich die Konkurrentin-Verführerin an seiner Seite vorstellen. Die Abenteurerin Beryl Markham eroberte eine Welt, die von Männern dominiert war, und stahl ihnen gleichzeitig das Herz. Für die angehende Konkurrentin-Verführerin sind ihre Lektionen in Sachen Liebe ein guter Anfang.

Beryl Markham

GEBORENE CLUTTERBUCK (1902–1986)

Sie wurde »generell als Circe gesehen ... aber keine gewöhnliche Circe. Stellen Sie sich vor, dass sie Odysseus mit einem Bann belegt, um ihn auf seiner Reise begleiten zu dürfen, dass sie lernt, ein Schiff zu lenken, und die Welt sieht«, schrieb Martha Gellhorn in ihrem Vorwort zu Beryl Markhams Memoiren *Westwärts mit der Nacht.* »Sie verzauberte die Männer, die sie begleiteten, so dass sie ihr Eindringen in ihre männliche Gesellschaft nicht ablehnten, sondern sie willkommen hießen.«

Westwärts mit der Nacht beschrieb Markhams Alleinflug von Osten nach Westen über den Atlantik, eine Reise, die sie 1939 aufgrund einer Wette unternahm. Es war der erste erfolgreiche »Sprung über den Teich« – eine Herausforderung, die aufgrund der gefährlichen Gegenwinde schwieriger eingestuft wurde als Lindberghs West-Ost-Überquerung. Als Markham ins Cockpit stieg und ihr gepflegter weißer Fliegeranzug in der Brise wehte, verkündeten die internationalen Schlagzeilen: »Heute fliegt die Schönheit.« Gratulanten verabschiedeten Beryl zum, wie sie glaubten, letzten Mal. Fast zweiundzwanzig Stunden später schlug sie, ohne Funkgerät und improvisierend, in Neuschottland auf, einhundert Meter hinter der Wasserlinie. »Ich bin Mrs Markham«, stellte sie sich freundlich vor, ohne auf das Blut zu achten, das aus ihrer Kopfwunde schoss. »Ich bin gerade von England herübergeflogen.«

Heute eine Konkurrentin wie Beryl Clutterbuck zu finden, fällt schwer – ganz zu schweigen von den ungewöhnlichen Umständen, die sie erschufen. Ihre Familie wanderte von England nach Kenia aus, wo Beryl praktisch sich selbst überlassen blieb. Ihr Vater hielt kaum je in seiner Farmarbeit inne, und ihre Mutter kehrte bald ohne ihre junge Tochter nach England zurück. Beryl sprach fließend Suaheli und zog mit den Massai umher, die sie eher als Jungen denn als Mädchen empfanden. Sie lernte zu rennen, zu springen, zu jagen – und Schmerzen auszuhalten, ohne mit der Wimper zu zucken. Sie entwickelte eine »amazonenhafte Kapazität«, ihre Gefühle zu verbergen. »Sie schlug mich mit einem *Kiboko*, bis ich wund war und blutete, aber ich wurde nur noch trotziger«, schrieb sie über eine Gouvernante, der man den Auftrag erteilt hatte, das wilde Kind zu zähmen. Als sie von einem Pferd zehn Kilometer weit mitgeschleift wurde, fand sie das kaum der Rede wert und hatte nur Mitleid mit dem Pferd.

Wenn deine Ahnung sich als richtig herausstellt, dann warst du inspiriert; wenn sie falsch war, dann hast du einem gedankenlosen Impuls nachgegeben.

— *Beryl Markham*

Ab einem bestimmten Punkt ist es schwer zu sagen, ob Beryl versuchte, in den Männerclub aufgenommen zu werden, oder ob die Männer versuchten, mit ihr mitzuhalten – so geschickt überflügelte sie diese in ihrem eigenen Revier. Als erste weibliche Pferdetrainerin in Kenia schickte sie viele Vollblüter ins Rennen. Als Buschpilotin riskierte sie regelmäßig ihr Leben, um andere zu retten. Über ihre Memoiren sagte Ernest Hemingway, die Bastion der Männlichkeit schlechthin: »Sie hat so außerordentlich geschrieben, dass ich als Schriftsteller zutiefst beschämt bin.« Sie war der sexuelle Aggressor. Einem Augenzeugen zufolge »liebte sie nichts mehr, als nach getaner Arbeit barfuß in das Schlafzimmer ihrer Wahl zu schleichen«.

Bei Männern strahlte Beryl ein »machtvolles Charisma« aus. Sie war gezwungen, mit sechzehn einen zweiunddreißigjährigen Mann zu heiraten, der sich auf den ersten Blick in sie verliebte. Sie behielt den Namen ihres zweiten Mannes, eines reichen Aristokraten namens Mansfield Markham, verließ ihn jedoch schon nach wenigen Jahren. Der Journalist Raoul Schumacher wurde Ehemann Nummer drei für beinahe zwanzig Jahre. Während ihrer Ehen waren ihre Indiskretionen so zahlreich, dass ein Liebhaber mitzählte, indem er Nägel in seine Tür schlug. Wenn sie die Männer erst mal in der Tasche und in ihrem Bett hatte, wurde sie ihrer schnell müde. Sie brauchte immer eine neue Herausforderung. Nur der glamouröse weiße Jäger Denys Finch Hatton ging ihr nicht ins Netz, was sie natürlich nur noch mehr anstachelte.

Bei Beryl verliebten sich die Männer in ihr Spiegelbild – oder vielleicht in den Mann, der sie gerne wären? Ihr »köstliches Draufgängertum« und ihre Spielleidenschaft waren der Treibsand, in den sie gerieten. Mit ihr war es niemals nullachtfünfzehn oder langweilig. Ihre lässige Fähigkeit, die Geschlechterrollen umzukehren, war absolut; sie waren diejenigen, die litten – sie tat das kaum. Selbst mit über achtzig machte sich Beryl – nach wie vor die Verführerin – noch genauso schnell aus dem Staub.

Beryl Markhams Lektionen für den Weg der Konkurrentin-Verführerin

Wenn Sie gerne Regeln brechen oder tollkühn, aber immer noch zutiefst weiblich sind, dann könnten sie eine aufblühende Konkurrentin-Verführerin sein. Lernen Sie an Beryl Markhams Beispiel.

Lektion 1: Flirten Sie mit dem Abenteuer

Wir haben Jahrtausende gebraucht, um zivilisierte Nationen aufzubauen, und Frauen sind, wie wir wissen, stolz darauf, die Männer gezähmt zu haben. Aber bei der Konkurrentin-Verführerin hört er den Ruf der Wildnis – eine tiefe Verbundenheit mit seinem ursprünglichen Selbst. Die Konkurrentin ist vielleicht keine Frau zum Heiraten und auch nicht das Mädchen, das er seiner Mutter vorstellen würde (bei seinem Vater wäre das vielleicht etwas anderes). Doch er kann einer Frau schwer widerstehen, deren Esprit und Leidenschaft seinem männlichen Selbst so gleichen.

Von frühester Kindheit an fühlte Beryl sich eher als Junge, wollte jedoch mehr tun, als nur in der Männerwelt zu bestehen. Sie flog allein über den Atlantik und riskierte eine Reise, die viele das Leben kostete, die es vor ihr versuchten. Sie gewann das East African Derby, Kenias wichtigstes Pferderennen, fünfmal. Wer weiß, vielleicht pinkelte sie sogar im Stehen. Unsere Konkurrentin-Verführerin ist süchtig nach Taten und Risiken, die für sie einen erotischen Reiz besitzen. Sie war auf Gebieten erfolgreich, die den männlichsten Mann herausfordern.

Suchen Sie als angehende Konkurrentin-Verführerin nach der Herausforderung Ihres Lebens oder einem körperlich anstrengenden Abenteuer und versuchen Sie, die Beste in Ihrem ausgewählten »Sport« zu sein. Ihre Taten sollten laut für sich sprechen. Wenn Ihr Revier die Vorstandsetage ist, dann stürzen Sie sich auf das neue Produkt oder die geniale Akquisition. Seien Sie Unternehmerin und Freidenkerin. Die sportliche Konkurrentin besteigt den K2, schießt Tontauben oder angelt Grätenfische auf den Seychellen. Und sie denkt dabei nicht an Müdigkeit oder das Risiko, nur an den Nervenkitzel. Als Konkurrentin-Verführerin versagen Sie lieber in einem spektakulären Versuch, als sich den Erfolg durch Vereinnahmung oder Langeweile zu sichern. Ihre Lebenslust hat ihren ganz eigenen Reiz.

Lektion 2: Mischen Sie Ihre Garderobe

»Sie trug Hosen mit Männerhemden und ließ kühn den obersten Knopf auf« oder band sich im Stil der weißen Jäger einen Seidenschal »salopp um den Hals«. Selbst wenn kein Berg in der Nähe war, trug Markham Reithosen und Stiefel im modischen Stil der Hollywood-Regisseure. Ihr männlicher Glamour entstand nicht, indem sie sich auf seine abgelegten, zerknitterten Klamotten stürzte, die auf dem Boden herumlagen. Es war kein Zufall, dass Beryl beim Abflug zu ihrer Atlantiküberquerung in ihrem weißen Seidenoverall wirkte, als käme sie gerade vom Laufsteg.

Sicher können Sie ein Kleid und hohe Absätze anziehen, wenn der Anlass es verlangt, aber ihr Verführerinnen-Selbst tritt erst wirklich hervor, wenn Sie sich seine Sachen borgen. So, wie Sie es zusammenstellen, wirken Orvis- und Brooks Brothers-Modelle, als wären sie zu einem köstlichen Zweck entworfen worden. Tragen Sie Victoria's Secret zum Smoking – oder Gummistiefel mit einem Büstier und einem Stringtanga. Tragen Sie eine Polizistenuniform, wenn sie fesselnder wirken wollen. Und seine Krawatte macht sich gut als Gürtel für ihre Jeans.

Was genau ist an einer Frau in Männerkleidern so reizvoll? Es ist ein beliebter Gag in unzähligen Hollywood-Streifen. Liegt es daran, dass er daran denkt, dass Ihr Körper jetzt dort ist, wo vorher seiner war? Oder vielleicht ist es dieser unbekümmerte, zusammengewürfelte Look, der den Eindruck erweckt, genauso schnell aus- wie angezogen zu sein? Wie immer es funktioniert, zeigen Sie nicht zu viel Haut. Sie sehen zum Anbeißen aus, jedoch kompetent, mit einem sexy Dreh.

Lektion 3: Seien Sie nicht so kompliziert

Erfrischenderweise verlangt die Konkurrentin-Verführerin niemals jene besonderen Aufmerksamkeiten, die Männer verwirren – dass man Rücksicht auf ihre Gefühle nimmt oder an besondere Tage denkt. Öffentliche Liebesbekundungen lösen bei ihr leichte Übelkeit aus. Sie denkt nie über ihre Beziehung nach und schläft lieber mal richtig durch anstatt endlos über ein Thema zu diskutieren. Wenn sie etwas wirklich stört, dann geht sie einem an die Kehle oder behält ihre Meinung für sich.

ZEHN DINGE, DIE BERYL NIEMALS TUN WÜRDE

1. sich neu stylen lassen
2. eine Weinschorle bestellen
3. das Buch *Er steht einfach nicht auf dich* lesen
4. sich für einen Kursus in chinesischer Porzellanmalerei anmelden
5. sich lange mit Reue aufhalten
6. einen Abend mit Häagen-Dazs-Eis und romantischen Komödien verbringen
7. Kopfschmerzen vortäuschen, um keinen Sex haben zu müssen
8. einen Satz anfangen mit »Mein Therapeut sagt ...«
9. sich zu schick anziehen
10. den ganzen Tag im Bett liegen

Unsere Verführerin hat ihr Leben auf spartanische Bedürfnisse reduziert. Wenn es nach Beryl gegangen wäre, sagte ein Freund, »dann hätte sie gerne in einem Haus gewohnt, das man mit einem Schlauch reinigen kann«. Jedenfalls beschränkte sie sich auf wenig mehr als ein Bett, einen Stuhl, eine Truhe und sein Aftershave. Ihre Geringschätzung materieller Dinge machte sie offen für Abenteuer, sie war immer sofort bereit zum Aufbruch. Und daraus folgte, dass ihre unwiderstehliche Ausstrahlung ohne Make-up und stundenlanges Zurechtmachen auskam. Beryls unbeschreiblicher Stil hatte mehr mit ihrer Einstellung als mit Kosmetik oder Modeartikeln zu tun.

Als angehende Konkurrentin-Verführerin müssen Sie an allen Fronten völlig unkompliziert sein. Seien Sie rationeller, weniger prätentiös und nicht ganz so konzentriert auf Ihre emotionale Befindlichkeit. Verbringen Sie weniger Zeit an Ihrem Frisiertisch – vergessen Sie Wimperntusche, das Collagen, diesen fürchterlichen Fön und die Rundbürste. Packen Sie für einen Wochenendausflug wirklich nur für zwei Tage – er wird schockiert und schwer beeindruckt sein.

Lektion 4: Sehen Sie Sex so wie die Männer

Wenn Beryl nach ein wenig Liebe war, dann legte sie eine Glenn-Miller-Platte auf. Es war ihre schüchterne Art zu sagen, dass sie bereit für ein bisschen Action war. Und dann war »der Gedanke (an Sex) geboren ... passierte ... und war ohne viel Aufhebens wieder vorbei.« Klingt irgendwie vertraut, nicht wahr? Ihre Technik war »alarmierend und erotisch«, und es fehlten bemerkenswerterweise die üblichen Komplikationen und Verpflichtungen. Sie verlangte nie nach mehr, wandte niemals Tricks an. Beryl fand, dass gegenseitige sexuelle Befriedigung an sich eine Belohnung sei. Mehr als ein Liebhaber gab zu Protokoll, dass er es noch niemals so gut hatte.

Für Beryl war Sex etwas Spontanes, »eine angenehme Form der Leibesübung, wie Tanzen, mit genauso vielen Partnerwechseln«. Sie verstand ihn nie als stillschweigendes Abkommen, wie viele andere Frauen. Für eine angehende Konkurrentin-Verführerin kommen Hintergedanken, die ihn die Oberhand gewinnen lassen, nicht infrage. Erwarten Sie keine romantischen Abendessen oder Eheringe. Ihre Leidenschaft gleicht seiner. Nehmen Sie sich tausend Liebhaber und tun Sie es ohne schlechtes Gewissen. Wenn er Ihre Fantasie beflügelt, laden Sie ihn ein, sich Ihre Radierung anzusehen. Sie sind vielleicht eine Stunde mit ihm zusammen, verlieben sich und lassen ihn am nächsten Tag wieder frei. Sitzen Sie nicht herum und warten Sie auf seinen Anruf. Ziehen Sie weiter zum Nächsten. Seien Sie wie Ihr Vorbild Beryl stolz auf Ihren Körper. Verschwenden Sie keine Zeit damit, Ihre Kleider abzulegen.

Lektion 5: Lassen Sie die Männer nie sehen, dass Sie ins Schwitzen geraten

»Als Kind erschien es mir unmöglich, wegen körperlicher Schmerzen zu weinen«, schrieb Markham – ein Wesenszug, den sie von den Massai-Kriegern lernte. Dieses »Mona-Lisa-Gesicht« frustrierte, erstaunte und faszinierte. War sie schüchtern, aus Stein, oder war es ihr nur einfach völlig egal? »Sie war ein gutes, braves Mädchen, hatte viel Mut und ein Herz aus Gold«, behauptete ein Liebhaber. Aber in Liebesdingen war sie einfach unsentimental. Männer »sehnten sich danach, diese absolute Ruhe zu erschüttern«, schrieb eine Biografin, die fand, dass Markhams Unergründlichkeit der Schlüssel zu ihrer unwiderstehlichen Ausstrahlung war.

Es ist nicht so, dass die Konkurrentin-Verführerin keine Gefühle hat. Tatsächlich kann sie aufrichtig loyal sein. Aber irgendwo auf dem Weg hat sie die Warnung gehört: Gefühle zu zeigen ist was für Waschlappen, kleine Mädchen und Langweiler. »Bei Beryl waren es die Männer, die flirteten«, erzählte einer ihrer frustrierten Liebhaber. Sie wirkte beinahe gelangweilt, mit einem Hauch von Ironie. Die angehende Konkurrentin-Verführerin würde lieber auf die Innenseite ihrer Wange beißen, bis es blutet, bevor sie übereifrig wirkt. Und wenn ein Mann sie enttäuscht hat, dann begegnet sie dieser Enttäuschung mit stoischer Gleichgültigkeit. Verlange nichts, und er wird die Lücke sofort füllen. Sehen Sie sich diesen überraschenden Rollentausch an. Leidenschaftliche Liebeserklärungen und Tränen sind von jetzt an seine Sache, nicht mehr Ihre.

SIND SIE EINE KONKURRENTIN-VERFÜHRERIN?

Fragen Sie sich, ob Sie eine Konkurrentin-Verführerin sind? Wenn Sie acht oder mehr Fragen mit Ja beantworten, dann sind Sie es vielleicht. Wenn nicht, dann können Sie auf jeden Fall ein paar Tipps der Konkurrentin anwenden.

- *Fühlen Sie sich generell wohler mit Männern als mit Frauen?*
- *Haben Sie sich schon immer gerne mit jemandem gemessen?*
- *Haben Sie eine überdurchschnittlich hohe Libido?*
- *Ist es Ihnen normalerweise egal, was andere von Ihnen denken?*
- *Empfinden Sie gefährliche Situationen oder das Brechen von Regeln als Nervenkitzel?*
- *Dauert es lange, bis Sie weinen?*
- *Haben Sie Jungenspielzeug immer Mädchenspielzeug vorgezogen?*
- *Arbeiten Sie auf einem Gebiet, das gemeinhin als Männerdomäne betrachtet wird?*
- *Würden Sie Ihren Tag lieber damit verbringen, eine neue Sportart zu lernen, als sich in einem Wellness-Hotel zu erholen?*
- *Geht Ihnen Selbstanalyse auf die Nerven?*

Die Mutter

ES WAR LANGE IN MODE, die häusliche Dame abzuwerten, aber tief in unserem Herzen wissen wir, dass Männer ihre Talente sehr reizvoll finden. Es liegt in seiner Natur, sich von der Wiege bis zur Bahre nach seiner Mutter zu sehnen. Ich betrachte sie als die schlaue Verführerin: die Frau, die nicht wirklich als Bedrohung wahrgenommen wird, bis sie Ihnen den Mann ausgespannt hat. Geborgen in ihrem metaphorischen Leib, machen Sie sich da nichts vor, wird er die Herausforderungen der neumodischen Art von Frauen gerne hinter sich lassen.

Die Mutter-Verführerin kümmert sich um das Kind im Manne und lässt ihm die Pflege angedeihen, von der andere törichterweise glauben, er sei ihr entwachsen. Sie ist darauf bedacht, es ihm so angenehm wie möglich zu machen – sorgt für eine fröhliche Umgebung, gutes Essen und saubere Sachen, selbst wenn sie nicht selbst am Bügelbrett schuftet. Sie ist ein Glücksfall, wenn man krank ist, wenn man in der Krise steckt und vor allem, wenn man sie wirklich braucht. Indem sie das Kind im Manne verwöhnt, erweckt die Mutter den hingebungsvollen Mann zum Leben.

Hier ist der Clou: Im Schlafzimmer entwickelt die Mutter eine verruchte Fähigkeit zu befriedigen. Nichts ist zu pervers oder zu unheimlich, dass es ihr die Haare zu Berge stehen lässt. Sie werden häufig feststellen, dass die Mutter-Verführerin eher unscheinbar wirkt, dann jedoch ihre Brille absetzt und sich in eine erstklassige Verführerin verwandelt. Vorsicht! Sie könnte Ihre Schwester, Cousine oder beste Freundin sein. Als Mutter-Verführerin war die Herzogin von Windsor die *Crème de la crème*.

Wallis, Herzogin von Windsor

GEBORENE BESSIE WALLIS WARFIELD (1896–1986)

»Ich sehe mich nicht länger in der Lage, die schwere Bürde der Verantwortung zu tragen und meine Pflichten als König zu erfüllen, wie es mein Wunsch ist, ohne die Hilfe und die Unterstützung der Frau, die ich liebe«, sagte König Edward VIII. bei seiner Abdankung 1936. Die Frau, um die es ging, war natürlich die Amerikanerin »Mrs Simpson« – verrufen, weil sie noch mit ihrem zweiten Mann verheiratet war und sich von dem ersten hatte scheiden lassen. Die Liebe des Königs zu Wallis wurde zur »Romanze des Jahrhunderts« und hat seitdem für Tratsch und Spekulationen gesorgt. Wie schaffte diese Frau das? Und lebten sie glücklich und zufrieden bis ans Ende ihrer Tage?

Bessie Wallis Warfield wurde in Blue Ridge Summit, Pennsylvania geboren. Ihr Vater Teackle Wallis, ein gescheiterter Geschäftsmann, machte seine Frau früh zur Witwe. Alice Warfield schämte sich sehr, dazu gezwungen zu sein, mit den Einkünften auskommen zu müssen, die ihre Pension in Baltimore abwarf – ein reicher Onkel bezahlte für Wallis' sensationelles gesellschaftliches Debüt. Als Kind hatte Wallis »ein absolut bezauberndes Strahlen in den Augen«. Später entwickelte sie Witz, das Geschick, ein lebhaftes Gespräch zu führen, und ein sehr gutes Gespür für hübsche Kleider. Sie verhielt sich gegenüber den Jungen niemals »albern«, bezeugte ein Verehrer. »Durch die ernste Aufmerksamkeit, die sie uns schenkte ... gab sie uns das Gefühl, dass wir eine wirklich begabte Gruppe von Jugendlichen waren.«

In der Galaxie der Verführerinnen war Wallis Warfield sicher eine der unwahrscheinlichsten – von Fotograf Cecil Beaton als »auf attraktive Weise hässlich, *une belle laide*« beschrieben. Doch sie war schon in jungen Jahren stets von Verehrern umringt. Sie hatte das »Talent, einem das Gefühl zu geben, genau die Person zu sein, die sie schon ihr ganzes Leben lang kennenlernen wollte«. Wenn sie verliebt war, erkannte sie manchmal nicht, was die Stunde geschlagen hatte. Mit zwanzig lernte sie während eines Besuchs bei einer Cousine in Pensacola Leutnant Earl Winfield Spencer kennen, einen Navy-Piloten, den sie schnell heiratete, weil sie glaubte, er sei »der Mann, auf den ich mich in peinlichen Situationen verlassen kann«. Stattdessen stellte sich heraus, dass er ein gewalttätiger Alkoholiker war. Trotz ihrer Ehekrise folgte sie ihm nach Hongkong. Er schleifte Wallis an den Haaren zu Besuchen in Bordellen, eine Erfahrung, die ihr später nützlich war (vgl. Lektion 2).

Nach der Scheidung wog Wallis ihre Möglichkeiten ab. Sie »muss ungefähr dreißig Heiratsanträge bekommen haben«, erzählte ein Verehrer, bevor sie sich für Ernest Simpson entschied, einen Amerikaner, der sie nach London brachte. In der britischen Gesellschaft stieg sie zu einer außergewöhnlichen Gastgeberin auf.

Eine Frau kann nicht zu reich oder zu dünn sein.

— *Wallis, Herzogin von Windsor*

»Ich fürchte, der Prinz wird einsam sein«, sagte seine Geliebte, Lady Thelma Furness, bevor sie zu einer längeren Reise aufbrach. Sie bat ihre Freundin Wallis, sich gelegentlich um ihn zu kümmern. Kein Problem. Die Mutter-Verführerin zeigte sich von ihrer fürsorglichsten Seite – begleitete Seine Hoheit und organisierte seinen Alltag. Der Kronprinz, jetzt vollkommen entspannt, begann zu sticken und ihr die Nägel zu lackieren und brachte seinen Butler dazu, zu kündigen. Der betrogene Ernest Simpson, so lautete ein Witz, schrieb an einem Stück – *The Unimportance of Being Ernest*.

Ihre unbekümmerte Affäre endete, als König George starb und der neue Monarch sich weigerte, Wallis nur die Geliebte im Hintergrund sein zu lassen. »Ohne sie war ich ein sehr einsamer Mann. Bei ihr werde ich ein Zuhause haben«, schrieb er in einer Rede, deren Radioausstrahlung der Premierminister verbot. Er wollte »beschützt und geleitet werden ... und etwas erhalten ... die einzige Sache, die er niemals kannte«, schrieb sein Biograf, »ein glückliches Familienleben«. War es ihr lebenslanges Exil in Frankreich wert? »Sie hat mich liebevoll umsorgt« und »mir Liebe gegeben«, sagte der Herzog, was er, wie er betonte, »mehr als alles andere schätzte«.

Wallis Warfield Simpsons Rezept für die angehende Mutter-Verführerin

Lesen Sie nach bei Pamela Harriman, die auch den Weg der Mutter-Verführerin einschlug. Pamela schloss Freundschaft mit Wallis und studierte ihre Art, während sie sich nach oben kämpfte. Und das sollte die angehende Mutter-Verführerin tun:

Lektion 1: Erahnen Sie seine innersten Bedürfnisse

Der hübsche Prinz (auch bekannt als David, König Edward VIII. und Herzog von Windsor), in seiner Jugend beliebt bei den Mädchen, hatte mehrere Geliebte, bevor er die Geschiedene aus Baltimore kennenlernte. Aber während sich andere von seinem Titel und den damit verbundenen Privilegien blenden ließen, sah die schlaue Wallis tief in seine unglückliche Seele. Sie behandelte ihn »zuerst als Mann, und dann erst als Prinz«, erinnerte sich einer seiner Stallmeister – und indem sie das tat, blies sie die Konkurrenz einfach weg.

»Ich habe meinem Mann meine gesamte Aufmerksamkeit geschenkt«, schrieb sie später, »etwas, von dem er während seines Junggesellenlebens nicht viel bekommen hatte. Beachten Sie, dass ich das Wort Aufmerksamkeit benutze ... das heißt, die Dinge zu tun, die das Selbstvertrauen eines Mannes erhalten, eine Atmosphäre von Wärme und Interesse schaffen, ihn von seinen Sorgen ablenken.«

Ob er Kaiser, König oder Vorstandsvorsitzender ist, die Mutter-Verführerin sieht ihn als den Mann aus Fleisch und Blut, der er wirklich ist. Für sie ist er gerade erst den halbhohen Turnschuhen und den Shorts entwachsen, zumindest was seine emotionalen Bedürfnisse angeht. Sie reagiert auf sein jungenhaftes Verlangen mit mütterlichem Interesse. »Wallis, du bist die einzige Frau, die sich jemals für meinen Beruf interessiert hat«, sagte der Prinz wehmütig. Nach einem schweren Tag im Dienste seiner Untertanen wusste Edward, dass Wallis sich nicht nur die Höhen und Tiefen des königlichen Alltags geduldig anhören, sondern auch bereitwillig das schmerzende königliche Handgelenk massieren würde. Die vertraute, sondierende Beraterin und »Krankenschwester« schenkte ihm besorgte Aufmerksamkeit.

Als angehende Mutter-Verführerin entwickeln Sie diesen berühmten mütterlichen sechsten Sinn – Sie hören nicht nur seine Worte, sondern auch die Bedürfnisse, die er nicht artikuliert. Ist er müde, gestresst, sucht vielleicht nach Ablenkung? Schließen Sie die Tür ab, legen Sie den Telefonhörer daneben und buchen Sie schnell einen Urlaub auf Tahiti oder eine Woche in den Bergen, selbst wenn sie keine Ahnung haben, wie man Ski läuft. Wenn er niedergeschlagen ist, imitieren Sie seine übergeschnappte Schwester – oder rufen Sie seine Freunde zu einem Pokerspiel oder einem zwanglosen Essen zusammen. Ist seine Stimmung jedoch himmelhoch jauchzend, lassen Sie die Champagnerkorken knallen und engagieren Sie ein Orchester. Der arme Schatz ist wegen Veruntreuung verurteilt? Dann packen Sie ihm sein Essen in Tupperware.

Tut mir leid, dass ich nicht geschrieben habe, aber dieser Mann ist sehr anstrengend.

— Wallis, Herzogin von Windsor

ZEHN DINGE, DIE WALLIS NIEMALS TUN WÜRDE ...

1. eine Kaugummiblase machen
2. einen Satz beginnen mit: «Hey, David ...«
3. Betty Friedan zitieren
4. Twister spielen
5. schmutziges Geschirr in der Spüle stehen lassen
6. einen Vorrat von Mikrowellengerichten anlegen
7. die Unterwäsche nicht täglich wechseln
8. sich betrinken
9. einen Bungee-Sprung wagen
10. etwas über die sexuellen Neigungen des Herzogs ausplaudern

Lektion 2: Seien Sie eine verruchte, sexy Mama

Die königliche Familie war nicht besonders erfreut über die Alles-andere-als-jungfräuliche Mrs Simpson, deshalb beauftragte sie den Geheimdienst, die Leichen in ihrem Keller auszugraben. Die Gerüchteküche mutmaßte wiederholt, sie sei eine Prostituierte, ein Zwitter, ein Mann oder eine Domina. Doch wir sollten im berühmten »China-Dossier« nach der Wahrheit suchen. Das Dossier beschreibt die asiatischen Sextechniken, die Wallis während ihrer wilden Reise mit ihren ersten Mann durch die Bordelle von Hongkong lernte. Besonderes Interesse erregte der sogenannte »chinesische Griff«, bei dem eine Frau ihre Scheideninnenwände »in einem außergewöhnlichen Grad« zusammenpresst. Sie wendete diese Technik an, um dem sehr schnell erregbaren (und mäßig ausgestatteten) Herzog zu helfen durchzuhalten, bis die Herzogin bereit war zu empfangen.

Da ist noch mehr. Eine strafende Gouvernante ließ den jungen Prinzen offenbar auf den Geschmack masochistischer Freuden kommen – und die Herzogin, so erzählte man sich, machte da weiter, wo die Kinderstube aufgehört hatte. Leider, leider weiß jedoch niemand genau, was hinter den verschlossenen Türen der Windsors vor sich ging. »Dass Wallis Simpson in ihm eine tiefe sexuelle Erregung auslöste, ist offensichtlich«, schrieb ein Biograf. »Dass diese Erregung eine sadomasochistische Variante enthielt, ist möglich, sogar wahrscheinlich.« Wallis wusste, wie sie Edward von seinen Hemmungen befreien konnte und von der »idiotischen Befangenheit und Schüchternheit«, die er oft empfand.

Daraus folgt, dass die Verführerin, die auf die innersten Bedürfnisse eines Mannes eingeht, weiß, wie man ihm mit einem besonderen Dreh Gute Nacht wünscht. Die Mutter wird niemals blass, wenn er Fantasien ausleben möchte, die ein bisschen schrullig wirken. Denken Sie darüber nach, sich eine Bibliothek mit »speziellen« Filmen und Büchern anzulegen (Kamasutra funktioniert) – und vielleicht einen Schrank mit Kostümen und Requisiten. Er wird ihr ergebener Sklave und ein Anhänger ihrer sexuellen Talente sein.

Lektion 3: Beherrschen Sie ihn

Als Lady Thelma Furness aus den USA zurückkehrte, um ihre Affäre mit dem Prinzen wiederaufzunehmen, war er eiskalt und schien sehr vertraut mit ihrer Freundin Wallis. Beim Abendessen griff er mit den Fingern nach einem Salatblatt, und Wallis schlug ihm spielerisch auf die Finger und ermahnte ihn, seine Manieren nicht zu vergessen. »Da wusste ich, dass sie sich sehr gut um ihn gekümmert hatte«, sagte Furness, die am nächsten Morgen heimlich und um einen Prinzen ärmer die Hausparty verließ.

Wallis' Mutter-Kindermädchen-Rolle erschreckte Beobachter, aber »diese Behandlung«, glaubte ein Biograf, »war genau das, was er sich wünschte«. Wallis hatte eine magische Zutat hinzugefügt: Ihre Kritik schien »aus Liebe zu geschehen« und aus dem dringenden Wunsch, ihm dabei zu helfen, »das Beste aus sich herauszuholen«. Wallis reagierte auf das, was Mutter-Verführerinnen instinktiv wissen: Ungezogene Jungen werden ihre Grenzen austesten. Aber sie sind geradezu begeistert über die selbstsichere Frau, die ihnen Grenzen setzt, wenn sie zu weit gehen. Ich kenne diese Männer genau, und wenn Sie darüber nachdenken, dann kennen Sie sie auch.

Die Mutter-Verführerin hat einen ausgeprägten Sinn dafür, was falsch und was richtig ist. Der Fokus liegt dabei nicht auf der Persönlichkeit, sondern auf dem klassischen häuslichen Bereich. Hier regiert sie, keine Widerrede. Sie handelt aus echter Überzeugung, nicht (notwendigerweise) aus einem Kontrollbedürfnis heraus. Dennoch versucht die Mutter-Verführerin, das Schimpfen nicht zu einem Extremsport werden zu lassen. Benutzen Sie die subtile Ermahnung: »Ich frage mich wirklich, ob die Gabel nicht eigentlich sehr nützlich wäre, wenn du isst.«

Lektion 4: Bestimmen Sie, was geschieht

Als Gastgeberin, Gartenarchitektin, beim Planen des Urlaubs oder dem Organisieren von Hauspartys – was immer es auch war, die Herzogin kannte sich in allen Haushaltsdingen bestens aus, und das Vertrauen des Prinzen in den Rat seiner Geliebten und in die Organisation ihres Zusammenlebens »schuf ein noch engeres Band«. Am Morgen nach der Hochzeit erwachte Wallis und fand den Herzog von Windsor an ihrem Bett sitzend. »Und was sollen wir jetzt machen?« fragte er. Wie die Mächtigen den Direktor-Qualitäten der Mutter-Verführerin zum Opfer fallen.

Es ist die älteste Geschichte, die es gibt. Er verlässt seine schwer geprüfte Frau für seine Sekretärin oder Assistentin. Aber fragen Sie sich mal: Hat man dieser Sekretärin jemals nachgesagt, sie könne nicht gut organisieren? Glauben Sie mir, sie ist eine Meisterin darin und eine Mutter-Verführerin, die Überstunden macht. Unter ihren wachsamen Augen hat der Mann, der sonst immer seinen Kaffee selbst kochte, plötzlich keine Ahnung, wo die Kaffeemaschine steht, kann keinen Tisch im Restaurant mehr selbst reservieren oder die Auskunft anrufen.

Die Mutter-Verführerin weiß genau, wie sie es dem »Boss« wirklich einfach macht. Tatsächlich fragt er sich, wie er zurechtkam, bevor sie auftauchte. Als Mutter-Verführerin in der Ausbildung werden Sie dafür sorgen, dass er niemals eine Reinigung oder eine fällige Rechnung zu Gesicht bekommt. Was immer ihn quält, Sie haben das Heilmittel im Arzneischrank. Sorgen Sie dafür, dass Sie den Laden fest im Griff haben, damit der Kapitän leichter lenken kann.

Lektion 5: Schaffen Sie ein Heim

»Es gibt nicht viele Frauen, die die Schlüssel eines gemieteten Hauses in Empfang nehmen ... und es aussehen lassen können, als hätte eine Familie mit ausgesprochen gutem Geschmack seit zwei oder drei Jahrhunderten dort gelebt.« Aber Wallis Simpson war nach den Worten der Schriftstellerin Rebecca West ganz sicher eine davon. Sie erhob das Erschaffen eines Heims zu einer Kunstform mit der simplen Philosophie – »ein Ort, wo sich gute Dinge aus der Vergangenheit harmonisch mit guten Dingen aus der Gegenwart verbinden, mit einer Betonung auf Farben und angenehmer Symmetrie«.

Schaffen Sie eine Umgebung, in der sich Ihre männlichen Besucher wohl fühlen. Die wackeligen Antiquitäten, auf die sich Besucher kaum zu setzen wagen, fliegen raus; stattdessen finden sich Polstermöbel, weiche Teppiche und wohltuender Chintz. Für ihren Mann empfand die Herzogin die Atmosphäre der Räume nach, die er in seiner Kindheit geliebt hatte, hielt alles in Schokoladenbraun, Scharlachrot, Cremefarben und Gold – und fügte Fotos, Bilder, Trophäen, Nippes, Bücher und Souvenirs hinzu.

SIND SIE EINE MUTTER-VERFÜHRERIN?

Was für eine Verführerin steckt in Ihnen? Die folgenden Fragen werden Ihnen helfen, Ihr verstecktes Potenzial zu erkennen. Wenn Sie acht oder mehr Fragen mit Ja beantworten können, dann sind Sie aus dem Holz der Mutter-Verführerin geschnitzt.

- *Versuchen Sie, es Männern eher bequem zu machen, als sie herauszufordern?*
- *Ist der Haushalt Ihr Zuständigkeitsbereich?*
- *Finden Sie, dass Männer manchmal merkwürdige sexuelle Bedürfnisse haben, aber dass es besser ist, keine große Sache daraus zu machen?*
- *Finden Sie, dass Männer es schwer haben?*
- *Finden Sie Laura Bush interessanter als Hillary Clinton?*
- *Fällt es Ihnen leicht, Probleme zu lösen und Dinge in Ordnung zu bringen?*
- *Packen Sie für jede Eventualität, wenn Sie verreisen?*
- *Glauben Sie, dass der Weg zum Herzen eines Mannes eigentlich durch seinen Magen führt?*
- *Wenn Sie einen Mann kennenlernen, versuchen Sie sich dann vorzustellen, wie er als kleiner Junge gewesen ist?*
- *Finden Sie Disziplin und Ordnung wichtig?*
- *Genießen Sie das Gefühl, wenn sich jemand auf Sie verlässt?*
- *Bleiben Sie in Krisen ruhig?*

Ein Wort über Archetypen

Je eher die angehende Verführerin erkennt, welchem Archetyp sie entspricht, desto einfacher kann sie damit anfangen, ihre Unwiderstehlichkeit voll zu entfalten. Aber denken Sie daran, nur weil Sie sich vielleicht vor allem einem Archetyp zuordnen würden, heißt das nicht, dass sie nicht einige Lektionen von den anderen anwenden dürfen. Die Mutter-Verführerin erahnt vielleicht, wie bereits beschrieben, seine innersten Bedürfnisse, kann jedoch auch, wie die Kameradin, seine Leidenschaften teilen. Verführerinnen überschreiten oft die Grenzen der Archetypen, auf einem liegt zwar ihr Schwerpunkt, doch sie nutzen zugleich die Eigenschaften von anderen. Die Mutter/Kameradin-, die Kokurrentin/Göttin- und die Sexbombe/Mutter-Kombinationen sind nicht ungewöhnlich.

Eine Warnung: Seien Sie sich Ihrer Kraftquelle bewusst. Werfen Sie keine Rosinen in Ihren Martini, sonst ruinieren Sie den Geschmack. Die schwer erreichbare Göttin muss zum Beispiel aufpassen, ihre Macht nicht dadurch zu schmälern, dass sie so verfügbar ist wie die Kameradin. Die Quelle des Reizes der Göttin ist ihr Geheimnis, die unbeschreibliche Aura, dass sie nicht wirklich erreicht werden kann. Die Macht der Kameradin liegt in ihrem Talent, Nähe zu schaffen. Wenn die beiden kombiniert werden sollen, dann muss das sorgfältig austariert sein.

Jenseits der Archetypen gibt es unzählige Wege, auf die eine Verführerin sich unwiderstehlich machen kann – durch ihre Gespräche, ihren Humor, ihren Schick, selbst durch ihre göttlichen Kochkünste. In den folgenden Kapiteln kann die angehende Verführerin anhand von Beispielen lernen, und die erfahrene kann sich noch ein paar Tipps holen. Sie werden sehen, wie die großen Verführerinnen die Archetypen individuell formten und der Verführung ihre ganz persönliche Note gaben. Was machte zum Beispiel Kleopatra unvergesslich? Wie eroberte Katharina die Große die Männer im Schlafzimmer? Warum träumt der denkende Mann von Susan Sarandon? Ihre Geheimnisse werden hier enthüllt.

TEIL II

Entwickeln Sie Ihren eigenen Stil

Werden Sie unvergesslich

VERFÜHRERINNEN, deren Legende Jahrhunderte überdauerte, haben die Männer ihrer Zeit auf unauslöschliche Weise beeindruckt und manchmal sogar durch ihre starke Anziehungskraft den Lauf der Geschichte verändert. Aber was ist mit denen, die unter uns leben – sagen wir, fabelhaften Verführerinnen wie Ihnen? Können Sie in Ihrem eigenen Bereich genauso denkwürdig sein, wie Kleopatra es in Ägypten und sogar in Rom war? Wie alles im Leben ist das harte Arbeit. Eine Verführerin ist keine Verführerin, es sei denn, sie findet ihren eigenen Weg, sich von der Masse abzuheben.

Wer sind die unerhört unvergesslichen Verführerinnen? Die Liste reicht zurück bis zu Eva und endet mit Frauen wie Nicole Kidman und Angelina Jolie. Was diese unvergesslich macht, könnte die Summe ihrer Teile oder dieses gewisse Etwas sein, das sie so gut beherrschen. Manchmal ist ihr Talent, unvergesslich zu sein, schwer zu beschreiben. Wenn wir einen Blick durchs Mikroskop werfen, dann entdecken wir einige wertvolle handwerkliche Kniffe, die unsere berühmten Verführerinnen weitergegeben haben. Durch genaues Sezieren können ihre Lektionen Ihr Talent werden. Geben Sie ihnen Ihren eigenen einzigartigen Dreh. Eine Verführerin ist ein Original durch und durch.

Auf den folgenden Seiten finden Sie Frauen, die es zur hohen Kunst erhoben haben, unvergesslich zu sein. Alle ihre Namen sind für eingeweihte Verführerinnen ein dauerhaftes Gütesiegel.

Seien Sie exzentrisch

Greta Garbo

GEBORENE GRETA LOVISA GUSTAFSSON (1905–1990)
GÖTTIN-VERFÜHRERIN

Lange, nachdem sich Greta Garbo aus der Öffentlichkeit zurückgezogen hatte, besuchte sie ein alter Freund in ihrem Elfenbeinturm-Appartement mit Ausblick auf den East River in New York. Als die Garbo das Zimmer verließ, um ihm etwas zu trinken zu holen, entdeckte er eine merkwürdige kleine Figur, die unter der Couch hervorlugte. »Es war ein Troll«, stellte er bei genauerem Hinsehen fest, »Sie wissen schon, diese kleinen Plastikfiguren mit dem hässlichen wilden Kunsthaar in Magenta oder Türkis.« Offenbar war eine ganze Gruppe von ihnen dort aufgestellt – trotzdem sprach er die Garbo nie darauf an, was genau das sein sollte. Doch jedesmal, wenn er in ihr Appartement zurückkehrte und nachsah, liefen die Trolle in eine andere Richtung.

Hm. Trolle? Unter der Couch? Und ich dachte, Briefmarkensammlungen wären merkwürdig. Das ist noch eines jener Rätsel, die in dem Geheimnis stecken, das »schwedische Sphinx« genannt wird. Wenn jemals eine Göttin-Verführerin durch Geheimnis regierte, dann war es das Leinwandidol Greta Garbo. Manche sagen, sie regiert immer noch. Sie schuf ihre Aura aus vielschichtigen Exzentritäten, definiert durch einen einzigen Satz, der alles sagte. »Ich will in Ruhe gelassen werden«, erklärte sie John Barrymore in dem 1932 gedrehten Film *Grand Hotel*, und ihr leuchtendes Gesicht drückte Schmerz, Hoffnung, Müdigkeit, Liebe und – war es das? – einen Hauch Bedauern aus. Wer war die Garbo? Durch keine Geste und kein Wort gab sie jemals einen Hinweis darauf.

Greta Lovisa Gustafsson kam 1925 im Gefolge von Mauritz Stiller, einem »angesagten« Regisseur, der bald danach in der Versenkung verschwand, von Stockholm nach Hollywood. Stiller entdeckte die »eindringliche Sinnlichkeit« in seinem drallen Protegé. Damals war sie unbeholfen, schüchtern und beinahe unscheinbar, aber im Film kam die Verführerin durch. Treffend nannte er sie Garbo – eine grobe Entsprechung des schwedischen Wortes »Seele«. »Sieh dir das Mädchen an!« sagte Studioleiter Louis B. Mayer, fasziniert von dem »Ausdruck in ihren Augen«. Er bot ihr sofort einen Vertrag an. »Er war absolut sicher, dass er ein Sexsymbol jenseits seiner Vorstellung und der aller anderen gefunden hatte«, schrieb die Schauspielerin Louise Brooks, »keine zeitgenössische Schauspielerin war danach je wieder wirklich mit sich zufrieden.«

Die Garbo regierte Hollywood nur fünfzehn Jahre und fünfundzwanzig Filme lang – die erfolgreichsten darunter waren *Die Kameliendame, Wilde Orchideen, Mata Hari, Anna Karenina* und *Ninotschka*. Sie war die First Lady der Leinwand, begann in Stummfilmen und machte mit Tonfilmen weiter. »Gib mir einen Whisky mit Ginger Ale – und sei nicht geizig damit, Baby« war ihr berühmter erster Satz in *Anna Christie*. Sie war »die Geliebte, von der jeder Mann träumte« – *La Divine* für die Franzosen. »Was man in anderen Frauen sieht, wenn man betrunken ist, sieht man in der Garbo auch nüchtern«, meinte ein Kritiker. Meine Güte, kann man mit anderen Frauen denn nicht etwas nachsichtiger sein?

Mich würde niemand nehmen – ich kann nicht kochen.

— Greta Garbo

»Dieses Gesicht, was ist nur so besonders an diesem Gesicht?« fragte der Regisseur Billy Wilder. »Man kann alle Geheimnisse der weiblichen Seele darin lesen.« Und dann war da noch ihre ganz besondere Art zu gehen, diese rauchige Stimme mit

dem schwedischen Akzent und diese »durstigen« Küsse vor der Kamera, die eine Leidenschaft transportierten, die – sehen wir den Tatsachen ins Auge – die Garbo nicht empfand. Eine konventionellere Frau wäre sicher nicht zur Legende geworden, aber es war das unerklärliche Verhalten der Garbo, das der ewigen Flamme Nahrung gab. Sie trieb Männer mit ihrer exzentrischen Unerreichbarkeit in den Wahnsinn.

Die Geschichte meines Lebens handelt von Hintertüren, Seiteneingängen, geheimen Aufzügen und anderen Wegen, irgendwo hinein- und hinauszugelangen, ohne dass Leute mich belästigen.

— Greta Garbo

Auf eine Einladung zum Essen hieß es nicht »Nein« oder »Lassen Sie mich nachsehen«, sondern »Woher soll ich wissen, ob ich an dem Tag hungrig bin?« Ein Studioleiter war verwirrt, als die Rosen, die er der Garbo schickte, zurückkamen. Sie nannte sich selbst oft einen alten Mann oder einen kleinen Jungen (und wir wissen bis heute nicht, ob sie in sexueller Hinsicht Frauen oder Männer vorzog). Und ihr Bedürfnis, allein zu sein, konnte merkwürdige Blüten treiben: Als sie den Atlantik überquerte, ließ sich die Garbo ihre Mahlzeiten privat servieren – jeden Abend an Deck in einem anderen Rettungsboot. Zu Ehren der beiden beliebten Diven ließ der Schauspieler Wayne Morris auf seine beiden Wasserhähne Ann Sheridan und Greta Garbo schreiben – anstatt Heiß und Kalt. Von den beiden lebt nur die Garbo weiter.

Die Garbo ließ den Schauspieler John Gilbert am Altar stehen bei seinem ersten verzweifelten Versuch, sie zu heiraten. Beim zweiten Anlauf stieg die Braut, die sich nicht traute, durch das Fenster eines Waschraums und entkam. Kam es ihr denn nie in den Sinn, einfach höflich »Nein« zu sagen? Obwohl keine genauen Einzelheiten bekannt sind, waren Aristoteles Onassis, Cecil Beaton, der Schauspieler George Brent, Erich Rothschild, der Autor Erich Maria Remarque und der Dirigent Leopold Stokowski bezaubert von ihr, einige sogar besessen. »Sie verlockte uns alle«, schrieb Beaton. »Man wollte seinen Kopf in ihren Schoß legen oder das Gesicht zwischen ihren Brüsten vergraben und von ihr geküsst werden.« In ihrem Geheimnis sah jeder Mann seine Rettung, wenn es ihm nur gelänge, sie zu erobern. Der Künstler Jackson Pollock behauptete, er habe sich nur dreimal verliebt – einmal, als er der Garbo auf der Straße begegnete. Er ging ihr nach und wurde an diesem Tag nicht mehr gesehen.

Nach *Die Frau mit den zwei Gesichtern* zog sich die Garbo mit sechsunddreißig aus der Öffentlichkeit zurück, doch sie geriet nie in Vergessenheit. Während der folgenden fünfzig Jahre ging sie verkleidet durch New York spazieren, während Paparazzi an jeder Ecke lauerten, um ein Bild von ihr zu machen. Ihrer Legende treu wollte die Garbo in Ruhe gelassen werden. Sie eilte zurück in ein Appartement voller Renoirs, Bonnards und offenbar auch kleiner Trolle.

Gretas Lektion

»Sie besitzt die unerklärliche Macht zu faszinieren, und sie wendet sie großzügig auf alles und jeden an«, sagte der Schriftsteller James Pope-Hennessy über die Stunden, die er in England mit der Garbo verbrachte. Der Anfang ist vielversprechend, aber da ist ein Haken: »Und dann wird einem langsam klar, dass sie absolut ungebildet ist, sich für Theosophie, Diäten und alle möglichen anderen schrulligen Themen interessiert und es so langweilig ist, sich mit ihr zu unterhalten, dass man schreien möchte.« Schlechte Nachrichten für die Garbo, meine Freunde, aber Hoffnung für die Verführerin, die nur ihre schreckliche Langweiligkeit davon abhält, unvergesslich zu werden.

Schlafen Männer ein, wenn Sie gerade mitten im Satz sind? Beschränken sich Ihre Interessen auf Vergleiche der besten Einkaufsmöglichkeiten und Wiederholungen von Fernsehkomödien? Leidet Ihr verführerischer Charme darunter, dass Sie Ihr aufreizendes Lächeln nicht mit einem verwegenen Augenzwinkern koordinieren können? Kleiner Scherz, Mädels ... Natürlich sind Sie alle sehr viel interessanter. Dennoch kann es nicht schaden, sich eine charmante Anzahl von Exzentrizitäten zuzulegen, denn dann sind Sie die Verführerin, die niemand vergisst.

Die Garbo tat kaum etwas, das irgendjemand verstehen oder vorhersagen konnte – tatsächlich machte das einen großen Teil des Geheimnisses ihres phänomenalen Erfolgs aus. Selbst ihr fanatisches Bedürfnis nach Privatsphäre war wechselhaft. Feuerte sie ihren Butler, als sie erfuhr, dass er Geld von Touristen nahm, die sie nackt schwimmen sehen wollten? Nein, die Garbo lachte stattdessen lauthals!

Dass nur so wenige es heutzutage wagen, exzentrisch zu sein, ist die größte Gefahr unserer Zeit.

— John Stuart Mill

Die abrupten Stimmungswandel, die unlogischen Aussagen und die Geheimnistuerei funktionieren, so lange man sie strategisch einsetzt. Es wird erzählt, dass die Garbo aus dem Frühstück eine verdeckte Operation machte, und das kann ein bisschen langweilig werden. Man will ja nicht wie ein nervöses Häschen mit einem unkontrollierbaren Tick wirken. Eine Verführerin muss ihre Exzentrizitäten unter Kontrolle haben und sie mit einer selbstsicheren Persönlichkeit kombinieren.

Entwickeln Sie nette Phobien. Sammeln Sie Kaminböcke oder hören Sie gregorianische Gesänge. Baden Sie jede Woche in Zitronensaft oder in nicht homogenisierter Milch. Machen Sie das Einradfahren, das Käserollen oder das Curling zu Ihrem Sport. Schwimmen Sie nackt, selbst wenn Sie nicht allein sind – oder stehen

Sie wie die Garbo mitten im Satz auf und gehen, weil Sie allein sein wollen. Wenn Sie über das Kryptische nachdenken, vergessen Sie nicht die immer beliebte Kommunikation mit den Toten. Das machte Shirley MacLaine unvergesslich, warum nicht Sie? Oder gewöhnen Sie sich an, einen auffälligen Hut mit einem Schleier zu tragen oder mit einer Lorgnette zu lesen. Ziehen Sie riesige Sonnenblumen in Ihrem Garten und streichen Sie Ihre Wände in Neonblau. Nehmen Sie sich die Garbo zum Vorbild und scheuen Sie sich nicht, Ihr verrücktes Selbst zu zeigen. Man wird sich lange an diese entzückende merkwürdige Sache erinnern, die Sie gemacht haben. Sorgen Sie nur dafür, dass sie durch die Exzentrizitäten unwiderstehlich werden und nicht verstört wirken. Ein Haus voller Katzen sagt zum Beispiel alte Jungfer – nicht Verführerin mit katzenhaftem Reiz. Versuchen Sie, sich interessant von der Menge abzusetzen, seien Sie aber keine Sklavin des Gruseligen oder Seltsamen.

SETZEN SIE AUF SCHOCK

Manchmal braucht eine Verführerin nur eine einzige Marotte, um unvergesslich zu sein – aber das muss schon eine bemerkenswerte sein. Sarah Bernhardt, Verführerin und Schauspielerin aus dem neunzehnten Jahrhundert, gewöhnte es sich zum Beispiel an, in einem Sarg aus Palisanderholz zu schlafen, um sich mit dem Gedanken an das Unausweichliche anzufreunden. Unzählige Postkarten wurden in Europa und Amerika von der »Göttlichen Sarah« (die achtundachtzig wurde) verkauft, auf denen sie sich in einem blumenbedeckten Sarg zurücklehnt – eine exzentrische Marotte, die genauso zu ihrer Legende als unvergessliche Verführerin beitrug wie die lange Liste ihrer Liebhaber.

Sorgen Sie für einen unauslöschlichen ersten Eindruck

Kleopatra VII.

(69 V. CHR.–30 V. CHR.)

KONKURRENTIN-VERFÜHRERIN

»Sie segelte den Fluss Kydnos hinauf in einer am Heck vergoldeten Barke mit ausgespannten purpurnen Segeln und unter dem Schalle von Zithern, Flöten und Schalmeien, nach welchem die silbernen Ruder bewegt wurden«, beschrieb der antike Historiker Plutarch die berüchtigte ägyptische Königin. Gekleidet wie Aphrodite räkelte sich Kleopatra unter einem Baldachin aus goldenem Tuch, während ihr auf jeder Seite als Cupido verkleidete Jungen Luft mit einem Fächer zuwedelten. Die »köstlichsten Wohlgerüche« drangen vom Schiff hinüber ans Ufer, und ihre wunderschönen Hofdamen waren als Grazien und Neräden angezogen. Als es dunkel wurde, strahlten Hunderte von Lichtern in einem ausgeklügelten Muster vom Dach der Barke und schufen »einen der herrlichsten und sehenswertesten« Anblicke.

Kleopatra war zu Marcus Antonius bestellt worden, einem General und Staatsmann des Römischen Reichs. Antonius brauchte Geld von ihr, um den Krieg gegen die widerspenstigen Partner führen zu können. Als eine römische Provinz war Ägypten zur Zahlung verpflichtet, aber die ehrgeizige Königin hatte ihre eigenen Pläne: Sie wollte das Gebiet ihres geliebten Königreichs erweitern. In dieser Hinsicht wurde bemerkt, dass »kein General je einen Angriff so brillant plante«. Sie blendete Antonius derart mit ihrer Ankunft, dass er weiche Knie bekam und sein Gleichgewicht nie ganz wiederfand. Während der nächsten zehn Jahre schenkte er ihr Land wie ein betrunkener Weihnachtsmann – zu Roms großem Verdruss. Es war der Anfang vom Ende einer der größten Femmes Fatales der Geschichte. Die Liebenden wurden schließlich in der Schlacht bei Actium von der römischen Armee in die Enge getrieben. Antonius nahm sich für seine Geliebte das Leben, die sich später durch einen Schlangenbiss vergiftete. Sie wurden zusammen in Alexandria begraben.

Wenn es jemals eine beeindruckende Verführerin gab, dann Kleopatra. Nachfahrin der Ptolemäischen Dynastie, war sie die Prinzessin des Volkes – die erste Griechin, die sich die Mühe machte, die ägyptische Sprache zu lernen, zusammen mit Aramäisch, Hebräisch und ein paar Brocken Syrisch. Sie war »herrisch, entschlossen, mutig, ehrgeizig und sehr lebendig«, schrieb ein Biograf – und skrupellos genug, ihre Geschwister umbringen zu lassen, um sich den Thron zu sichern. Ihr Ziel war es, Ägypten so zu erweitern, dass es wieder so groß würde wie zu früheren Glanzzeiten. Um das zu erreichen, griff sie zu allen Mitteln, obwohl es natürlich ihre persönliche Attraktivität war, durch die es ihr schließlich gelang. »Ihre Schönheit an sich fand wohl ihresgleichen und vermochte nicht, durch den bloßen Anblick zu berücken«, schrieb Plutarch. Doch ihre Präsenz übte »eine unwiderstehliche Anziehung aus«. Trotz ihrer leicht gebogenen Nase verliehen »der Zauber ihrer Rede, die geistige Anmut ihres ganzes Wesens (...) ihren Reizen einen Stachel, der sich tief in die Seele eindrückte.«

Wenn es um Männer ging, schien es Kleopatra wie keiner zweiten zu gelingen, einen unauslöschlichen ersten Eindruck zu hinterlassen, um ihre Beute zu beeindrucken. Antonius war nicht der erste mächtige Römer, der ihrem Charme zum Opfer fiel und von ihr manipuliert wurde. Einige Jahre zuvor kam Cäsar durch Ägypten und stellte fest, dass Kleopatra nicht da war – sie war von den Regenten ihres kleinen Bruders Ptolomäus XIII. verbannt worden. Um sich Cäsars Hilfe zu versichern, ließ sich die Königin, eingerollt in einen Teppich, durch die feindlichen Linien schmuggeln, und dieser wurde dann vor dem erstaunten Eroberer dramatisch entrollt. Beeindruckt von der Brillanz der Königin und bezaubert von ihrem

Charme, setzte Cäsar Kleopatra wieder auf den Thron – und gab ihr Zypern als Bonus. Der kleine König Ptolomäus, immer noch ein Kind, landete auf dem Grund des Nils.

Muss ich betonen, dass es sich bei Kleopatra um eine Konkurrentin handelte? Oder dass Männer hingerissen waren von einer Frau, deren Dreistigkeit ihrer eigenen glich? Aus Liebe zu ihrer ägyptischen Königin verließen sowohl Cäsar als auch Antonius ihre Frauen, holten sich im Forum blutige Nasen und unterschrieben damit ihre Todesurteile. Hätten Cäsar und Antonius nicht so lange in Alexandria »herumgetändelt«, würde die Welt heute vielleicht ganz anders aussehen. Kleopatra hatte ihre Liebhaber von Anfang an in der Tasche und ließ sie dann auf den Klippen ihrer Romanze zerschellen.

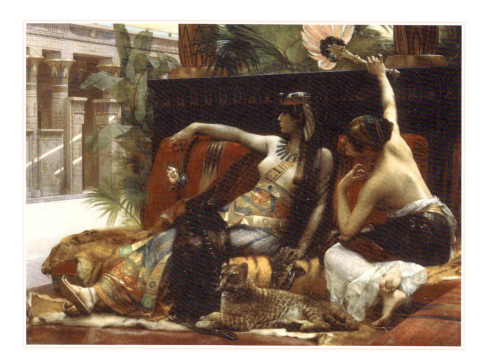

WERDEN SIE UNVERGESSLICH

Kleopatras Lektion

»Sie setzte die meiste Hoffnung auf sich selbst und den Zauber ihrer Reize«, schrieb Plutarch. Wie jede Verführerin, die den Namen verdient, wusste Kleopatra, dass der erste Eindruck, den sie hinterließ, unvergesslich sein musste – 41 v. Chr. war das noch viel wichtiger als heute. Antonius, Kleopatra und Cäsar waren oft gezwungen, Jahre voneinander getrennt zu verbringen, ohne über E-Mail miteinander in Kontakt bleiben zu können. Sie sorgte dafür, dass ihr Auftritt blendete und dass alles, was danach kam, ebenso gut war. Sie kannte den Ruf der Römer und plante den Angriff sorgfältig, der ihre Herzen erobern sollte.

Als Antonius die Königin nach Tarsus rief, ließ sie sich Zeit, um seine Erwartungen zu steigern. Dann lehnte sie seine Einladung zum Essen ab und sprach stattdessen selbst eine aus. »Schätzchen«, sagte sie – oder dessen ägyptische Entsprechung –, »mach dir doch nicht so viel Mühe. Ich sage dem Koch einfach, dass er auf dem Boot etwas für uns zubereiten soll.« Stellen Sie sich Antonius' Ehrfurcht vor, als er zum Flussufer eilte und Kleopatras luxuriöses Gefolge sah. Ihre Aphrodite sollte dem Bild schmeicheln, das er von sich selbst hatte – das des Weingottes Dionysos – und es sprach sich herum, dass diese Götter das »Glück« ihrer Untertanen feierten. Sie wusste, dass Antonius ein Trinker war und »ein Liebhaber der Frauen« mit einer Schwäche für exotischen Luxus, also servierte ihm Kleopatra Wein und ein Essen, das »unbeschreiblich herrlich« war. Als sie »in Antonius' Scherzen den Soldaten, den Mann ohne Welt hervorblicken sah«, machte sie selbst anzügliche Scherze und bediente sich »ganz dreist und ohne Rückhaltung desselben Tones.« Schließlich übergab sie ihm die Möbel und das Tafelgeschirr als Geschenk für seine Leute. Antonius war überwältigt von all ihrem Glamour; Kleopatra wurde seine Geliebte, und er ihr Sklave.

Bei dem weltgewandteren Cäsar änderte Kleopatra ihre Taktik. Ihr Auftritt in einem Teppich beeindruckte den gefeierten Schlachtstrategen und ihr schüchterner Charme bezauberte ihn. Ich will hier nicht für Cäsar sprechen, aber als Kleopatra aus dem Teppich sprang, muss er gedacht haben: »Also, das ist mal eine Frau, mit der man rechnen muss.« Dieses einundzwanzigjährige Mädchen »gewann den erfahrenen, zweiundfünfzigjährigen Frauenhelden schnell für sich«, bemerkte ein Biograf.

Seit Anbeginn der Zeit sind Verführerinnen brillante Meisterinnen der Inszenierung gewesen, die mit ihrem Auftritt beeindrucken wollten. Carole Lombard erschien und brachte die Männer zum Lachen. Josephine Baker hielt sie auf Distanz, bis ihnen der Speichel aus den Mundwinkeln lief. Jackie O. faszinierte mit ihrer spektakulären Garderobe. Sie fahren vielleicht in einem Rolls Royce vor, in Pelze gehüllt oder mit einem Gorilla an der Hand. Sie können ihren unauslöschlichen ersten Eindruck machen, indem sie einen klugen ersten Satz sagen. Manchmal ist der einfachere Auftritt der, an den man sich länger erinnert – die Legende von der Frau, die ganz in Rot gekleidet auf der Beerdigung von John Dillinger erschien, lebt noch immer.

Prüfen Sie wie Kleopatra die Lage und überlegen Sie sich dann einen Plan. Der erste Eindruck ist sehr wichtig; Sie bekommen vielleicht keine bessere Gelegenheit, ihn zu blenden. Ihr Auftritt kann Ihren Marotten entsprechen oder etwas reflektieren, das Sie über seine Persönlichkeit wissen. Ihr Auftritt als Verführerin sollte niemals unbemerkt bleiben – es sei denn, sie lassen sich in einem Teppich durch die feindlichen Linien tragen. Nutzen Sie den Überraschungseffekt und erfinden Sie neue Wege, um anzukündigen, dass eine unvergessliche Verführerin gerade den Raum betreten hat.

Sorgen Sie für einen Skandal

Lola Montez

GEBORENE ELIZA GILBERT (1821–1861)

KONKURRENTIN-VERFÜHRERIN

Lola Montez kam 1846 nach München und wollte mit ihrem »spanischen Tanz« an einem der Theater der Stadt auftreten. Ihr Ruf, für Skandale zu sorgen, war ihr vorausgeeilt. Die liebliche Lola hatte in Berlin im Gefängnis gesessen, weil sie einem Offizier eine Ohrfeige verpasste, und war dann aus der Stadt geworfen worden. In Warschau machte sie gegen das Publikum gerichtete obszöne Gesten, als diese buhten. In St. Petersburg erlaubte Zar Nikolaus I. ihr nur einen einzigen Auftritt aus Angst, was sie wohl als Nächstes anstellen würde. Verständlicherweise stand sie bei den respektablen Münchner Theaterbesitzern vor verschlossenen Türen. Lola wandte sich an den bayerischen König Ludwig I. Als er Lola sah, fragte Ludwig, ob ihr prachtvoller Busen »Natur oder Kunst« sei. Hilfsbereit schnitt sie ihr Oberteil mit einer Schere auf und wurde sofort als Pausenfüller gebucht – ironischerweise für das Stück *Der verzauberte Prinz*.

In ihrer Zeit war Lola Montez genauso berühmt – und berüchtigt – wie Königin Victoria und genauso begehrt wie Helena von Troja. Sie baute ihre Karriere auf ihrem Talent für Skandale auf, die weite Kreise zogen, und je größer der Skandal, desto länger die Reihe von Männern, die sich vor dem Bühneneingang versammelten. Ihr Tanz? Eine Art Tarantella. Lola stampfte wild mit den Füßen zur Musik, während sie eine imaginäre Spinne durch die spärlichen Falten ihres Kostüms jagte. Von London bis Warschau bezahlte das Publikum horrende Eintrittspreise und machte seinem Unmut lauthals Luft. »Ich liebe dich mit meinem Leben, meinen Augen, meiner Seele«, schrieb Ludwig besorgt, Lola könnte sich in einen der Männer verlieben, die sie »umschwärmen«. Er baute ihr ein Schloss und machte sie zur Herzogin. Sie zog ihn in die Untiefen eines Skandals, bei dem seine Herrschaft zum Teufel ging.

Wäre es nicht ein bisschen voll auf unserer Hochzeitsreise? Du und ich und das Exekutionskommando?

— Lola Montez

Lola Montez begann ihr Leben in Limerick, Irland, als Eliza Gilbert, Tochter eines Soldaten und einer Hutverkäuferin. Sie verbrachte ihre Jugend in Indien, wo auffiel, dass die blauäugige Schönheit »flatterhaft« war. Um einer arrangierten Ehe zu entfliehen, brannte Eliza im Alter von fünfzehn Jahren mit dem Leutnant Thomas James durch – eine unglückliche Beziehung, die sie fünf Jahre später beendete. An Bord eines Schiffes, das sie nach England zurückbrachte, geriet sie durch eine Affäre mit einem anderen Passagier in Verruf. Vor dieser Skandalwolke floh Eliza nach Spanien. Ein Jahr später kehrte sie nach London zurück und erfand sich neu als die Tänzerin Maria Dolores de Porris y Montez.

Kurioserweise feierte die Presse Lola bei ihrem Londoner »Debüt« als eine »spanische Tänzerin durch und durch«, obwohl Interviewer zugaben, dass ihr Akzent schwer einzuordnen sei. Ihr gewagter Tanz konnte kaum noch sittsam genannt werden. Sie argumentierten, dass dies von einer Frau mit südländischem Temperament auch nicht anders zu erwarten sei. Sie war »pikant und provokativ« – offensichtlich noch nicht die Zigarren rauchende Dame, die mit einem Dolch oder einer Pfeife herumfuchtelt. Aber während Lola sich verbeugte, kam es zur Katastrophe. Sie wurde als die ehebrecherische Frau von Leutnant James erkannt, der öffentlich

104 DAS GEWISSE ETWAS

die Scheidung anstrebte. Die Menge spottete und buhte. Der Besitzer des Theaters Ihrer Majestät beendete die Vorstellung. Es wurde Zeit für die Tänzerin, in eine neue Stadt zu ziehen, die Straße mit frischen Skandalen zu pflastern und einen ganzen Kontinent voller Herzen zu brechen.

Lola hielt ihr »mörderisches« Temperament gerade lang genug im Zaum, um die europäischen Aristokraten so zu bezaubern, dass sie ihr Theaterengagements sicherten. Ihre Vorführung war sicher skandalös, aber es waren ihre darauf folgenden Zechtouren, welche die meisten schockierten. In Baden-Baden warf sie einem Mann ihr Bein über die Schultern, um ihre Beweglichkeit zu demonstrieren, und löste einen öffentlichen Aufschrei wegen ihrer Sittenlosigkeit aus. In Warschau verschmähte sie grob die Avancen des mächtigen Vizekönigs. In Dresden tanzte sie bei einer intimen Party für den Komponisten Franz Liszt auf dem Tisch und verwüstete ein Hotelzimmer. Noch während Liszt die Rechnung für die Zerstörung bezahlte, schwärmte er in einem Brief an eine seiner Geliebten: »Oh, du musst sie sehen!«. »Sie ist immer wieder neu, immer wieder anders und ständig kreativ! ... alle anderen Frauen verblassen neben ihr!«

In München erreichte Lola als offizielle Geliebte von König Ludwig I. den Höhepunkt ihrer skandalösen Karriere. Unter ihrem Einfluss trat Ludwigs Kabinett zurück und wurde durch etwas ersetzt, das später als »Lola-Ministerium« bekannt wurde. Sie bestimmte die Politik und stellte Leute ein. Sie schlief mit jungen Soldaten (die man Lolianer nannte) und verprügelte jene, die sie verärgerten. Seine Berater tratschten, aber Ludwig war nicht bereit, seine feurige Mätresse zu maßregeln. In München kam es zu Aufständen: Lola wurde aus der Stadt verbannt. Ludwig wurde gezwungen abzudanken.

In ihrem weiteren Leben entging Lola knapp der Anklage wegen Bigamie, sie hatte ihren zweiten Mann geheiratet, ohne vom ersten geschieden zu sein. Sie forderte einen Redakteur zu einem Duell mit Giftkapseln heraus. Sie reiste um die Welt und ließ sich kurzfristig in Kalifornien nieder, wo sie noch mehr Ehemänner und Geliebte hinterließ, als es weise wäre aufzuzählen. Sie schrieb einen Schönheitsratgeber und wurde eine beliebte feministische Rednerin. Ihr Rat an Frauen? »Legen Sie sich das Fell eines Stachelschweins zu«, schütteln Sie die unterwürfige Rolle ab, entwickeln Sie eigene Vorstellungen und bringen Sie sich die erotischen Künste bei – alles Worte einer echten Verführerin. Sie hinterließ uns den Satz: »Was immer Lola will, das bekommt sie auch.«

Lolas Lektion

Als Lola in der Stadt eintraf, rieten Ludwigs Berater ihm, sich von ihr fernzuhalten – und zählten das ungeheuerliche Verhalten der Tänzerin in den europäischen Hauptstädten auf. Aber die Berichte steigerten nur die Neugier des guten Ludwig. Positiv sei, dass »die Kartenverkäufe nicht litten«, gaben sie zu, »weil der Ruf, den sie sich erworben hat, die Neugierigen ins Theater zieht«. Der König befahl, Lola sofort sehen zu wollen. Am selben Abend schon war er »völlig bezaubert«, von ihrem »Feuer« und ihrem »Esprit«.

Wer war Paris Hilton vor den Sexvideos? Wenig mehr als eine verwöhnte Erbin mit einer Art Modelkarriere. Aber nachdem sie sich im Internet ausgezogen hatte, stieg sie zu Amerikas begehrtester Sexbombe auf, mit Ausnahme vielleicht von Britney Spears. »Das ist heiß«, war alles, was Paris sagen musste, um in Talkshows eingeladen zu werden. Es ist so, wie die Soziologen sagen: Wenn sie klug ist, kann eine Frau durch ihre Sünden Berühmtheit erlangen. Skandale steigern nur den Marktwert einer Verführerin. Je größer der Wirbel, desto unvergesslicher wird sie.

Wenn die Geschichte uns eines lehrt, dann dieses, dass es keinen größeren Skandal gibt, als mit einem verheirateten Politiker zu schlafen – vorausgesetzt natürlich, dass die Presse von dieser Indiskretion Wind bekommt. Hier muss die schlaue Verführerin ihre eigene PR-Agentin sein. Aber vielleicht ist ein politischer Skandal ein bisschen zu ehrgeizig und laut für Sie. Die angehende Verführerin muss nicht bis auf die Spitze des Berges hinaufklettern; sie kann sich in kleinerem Rahmen den Ruf eines bösen Mädchens erwerben. Vor einigen Jahren stellte ich zu meinem Entzücken fest, dass meine Popularität auf einer Hochzeitsfeier sprunghaft anstieg, nachdem ich, ein bisschen beschwipst, nackt in den Pool gesprungen war und ein Tischtuch als Sarong trug, während ich trocknete.

LASSEN SIE ES WIE EINEN SKANDAL AUSSEHEN

Sie mögen sich nicht auf einen echten Skandal einlassen? Allein ihr Auftreten kann ausreichen, um für die nötigen Spekulationen zu sorgen. Nehmen Sie sich ein Beispiel an der Sekretärin aus dem Weißen Haus, der nachgesagt wurde, sie schliefe mit John F. Kennedy – der im Pool des Weißen Hauses seine Bahnen zog und seine Geliebten vernaschte. Jeden Mittag machte sich die Sekretärin die Haare auf der Damentoilette nass und sagte nichts, wenn man ihr fragende Blicke zuwarf.

Wagen Sie alles, was Autoritäten herausfordert – aber tun Sie es wie Lola so, als hätten Sie einen Anspruch darauf. Tragen Sie den Kopf hoch. Frisieren und schminken Sie sich sorgfältig, vor allem wenn Sie vor Gericht erscheinen müssen. Ein kurzer Aufenthalt in der Entziehungsklinik oder eine Nacht im Gefängnis sind vielleicht alles, was Sie brauchen. Schlafen Sie mit ihrem Boss oder lassen Sie es zumindest so aussehen, als täten Sie es.

Eine Warnung noch, was Erpressung, Insiderhandel oder Steuerhinterziehung angeht: Eine Verführerin, die im Gefängnis sitzt, verfügt nur über eine eingeschränkte Garderobe und wenig Männer, an denen sie ihre Kunst ausprobieren kann.

Betonen Sie das Exotische

Josephine Baker

GEBORENE JOSEPHINE FREDA MCDONALD (1906–1975)

GÖTTIN-/KONKURRENTIN-VERFÜHRERIN

»Ist sie schrecklich? Ist sie hinreißend? Ist sie schwarz? Ist sie weiß?« fragte ein Kritiker bei der Premiere von *La Revue Nègre* im Herbst 1925. Diese exotische Kreatur erschien auf der Bühne um einen anderen Tänzer gewickelt wie eine Kletterpflanze, die langen Beine in einem Spagat in den Himmel gestreckt. Sie war schockierend nackt, abgesehen von ein paar heißen pinkfarbenen Federn, die an ihren Fesseln und ihrer Taille befestigt waren. Nachdem sie langsam Rad schlagend auf die Bühne gekommen war, stand sie wie eine »Ebenholzstatue« da – wild, erotisch und extravagant. Ein Begrüßungsschrei lief durch das Publikum, als sie ihre Arme hob und in einer stummen Liebeserklärung erzitterte, fremdartig, doch erkennbar. Was danach passierte, spielte kaum noch eine Rolle. Wie ein Lauffeuer verbreitete sich die Nachricht von dem *Dance au Sauvage* durch die Cafés auf den Champs-Elysées, und eine Verführerinnen-Legende war geboren.

»Josephine Baker kam genau in dem Moment, in dem wir sie brauchten«, sagte ein Augenzeuge. Sie war Balsam für ein müdes Nachkriegseuropa, das nach etwas Neuem und Vitalem hungerte, was sein Blut in Wallungen brachte. Josephine schwamm auf der Begeisterungswelle für den amerikanischen Jazz und rührte ein ganz eigenes Gebräu aus Charleston, Shimmy und Stammestanz zusammen. Es war »Erotik, die einen Stil fand« – oder, wie sie es formulierte, Musik, die ihre wahre Stimme durch sie ausdrückte. Dann war da ihr entfesselter Körper, dessen ungewöhnliche Schönheit verzauberte und verwirrte. War sie zum Teil Schlange, Giraffe, Panther oder Kolibri? »Sie ist die Nefertiti der Neuzeit«, sagte Picasso und stellte das ein für alle Mal klar.

Wie viele Göttinnen beginnen ihr Leben als Aschenputtel? Dünn, unscheinbar und vernachlässigt kam Josephine Freda McDonald aus den Slums von St. Louis mit dem brennenden Ehrgeiz heraus, wahrgenommen zu werden. Sie verließ die Schule mit dreizehn, heiratete als Jugendliche zweimal und behielt Baker als Nachnamen. Sie zog mit einer schwarzen Revue durchs Land, die sich Shuffle Along nannte. Josephine überwarf sich mit ihren Kollegen, als sie einen Refrain verulkte und dabei ihr komisches Augenrollen und das Wackeln ihres Hinterteils einführte. Der legendäre Bananenrock? Der kam auf, als »La Baker« von der Bühne der *Folies Bergère* aus Paris eroberte.

Ein Geiger hat eine Geige, ein Maler eine Palette. Ich hatte nur mich selbst. Ich war das Instrument, das ich pflegen musste.

— Josephine Baker

In Paris war Josephine eine *Exotique*, und sie war schlau genug, das bis zum Anschlag auszuspielen. Wenn sie nicht in Designerkleidern abgelichtet wurde, während sie »Hausarbeiten« verrichtete, war sie unter einem üppigen Chincilla-Mantel splitterfasernackt – »ihre Brüste strichen wie Seide über das Fell«. Oder sie fuhr in einer fantasievollen, von einem Strauß gezogenen Kutsche durch Paris oder lief mit einem Geparden an der Leine über die Straßen. Da waren ihre grünen Fingernägel, die als Matrosen verkleideten Diener und die Menagerie von Tieren, die sie überallhin mitnahm – darunter ein Hausschwein, ein Hund, der *J'ai deux amours* bellte, und ein Affe, der auf dem Badewannenrand saß, während sie badete.

Und das Sahnehäubchen war Les Milandes, das riesige Château, das sie ihr Heim nannte und in eine Art Disneyland für die Welt verwandelte.

Josephine war »genauso bekannt für ihre Legende« wie für ihre Bühnenpräsenz. Ihre »irrationale Magie« zog sogar abgestumpfte Lebemänner in ihren Bann. Die Künstler Pablo Picasso, Man Ray und Jean Cocteau »liefen ihr durch Paris nach wie liebeskranke Welpen«. Ernest Hemingway behauptete, sie sei »die schönste Frau, die es gibt, die es jemals gegeben hat und die es je geben wird«. Sie versprach all die Freiheiten einer wilden, neuen Zeit. Die Trennungslinie zwischen Künstlerin und Bürgerin war verschwommen.

Josephine erhielt rund weit über tausend Heiratsanträge – die meisten von Männern, die sie nie getroffen hatte. Ein Bewunderer bot sich ihr sogar auf der Straße an. Während ihres Lebens heiratete sie mindestens fünfmal (obwohl die Zeremonien nicht immer ganz legal waren) – besondere Bedeutung kam dabei ihrer Verbindung mit ihrem Manager »Pepito« zu, dem »nichtgräflichen Grafen«, dem es erfolgreich gelang, ihr Image zu vermarkten. Launenhaft, extravagant und vom Normalen abgestoßen benutzte Josephine eine jede Göttinnen-List, um zu verführen. Bis sie einen Mann – oder eine Frau – im Schlafzimmer »erobert« hatte, fehlte ihr etwas Wichtiges. Sie besaß die sexuelle Raubgier einer Konkurrentin-Verführerin.

»Ich bin fertig mit dem Exotischen«, sagte Josephine, entschlossen, die bürgerliche Ehefrau für ihren neuen französischen Mann zu spielen. Ihre DNA erlaubte es ihr einfach nicht. Sie war ausgezeichnet worden für ihre Dienste als Spionin für die Alliierten in Nordafrika während des Zweiten Weltkrieges, wo sie kurz in einem Harem lebte. Sie kehrte in die USA zurück, um in der Broadway-Revue *Ziegfeld Follies* aufzutreten, wobei sie sich als französischer ausgab als die Franzosen. Sie adoptierte eine »Regenbogenfamilie« aus zwölf Kindern aus aller Welt und ging auf spektakuläre Weise bankrott, immer und immer wieder. Sie starb nur Tage nach einem Comeback in Paris, bei dem sie wie eine zurückgekehrte Königin gefeiert wurde.

Josephines Lektion

»Schön? Das ist alles eine Frage des Glücks. Ich wurde mit schönen Beinen geboren. Und was den Rest angeht ... schön, nein. Amüsant, ja.« Josephine mischte die Karten, die man ihr gab, und fand jene, die sie unbestreitbar einzigartig machte. Ihr Talent für das Komödiantische brachte sie weit. Sie konnte »die erstaunlichsten Bewegungen mit ihrem Körper« machen, während sie schielte. Paris wusste dagegen etwas Tiefergehendes zu schätzen. »Ich improvisierte, wild geworden durch die Musik«, sagte Josephine, »selbst meine Zähne und Augen brannten vom Fieber. Jedes Mal, wenn ich sprang, schien ich den Himmel zu berühren, und wenn ich wieder auf die Erde traf, schien sie mir allein zu gehören.«

Denken Sie sich die falschen Wimpern weg, die Kleider, den Kopfschmuck, der wie der Eiffelturm aussah. Streichen Sie die Bananen und die erotischen Wellenbewegungen, die »Paris erregten«. Schicken Sie die Menagerie von Tieren zurück in den Zoo und tauschen Sie Paris gegen die Stadt, in der alles begann – St. Louis, Missouri. Was Sie dort finden, ist die ungeschminkte Freda McDonald – ein Mädchen mit hochtrabenden Ambitionen, die Welt für sich gewinnen zu wollen. »Ich habe kein Talent«, sagte Josephine, deren Singstimme, wenn es hoch kam, »wie eine gesprungene Glocke mit einem gepolsterten Klöppel« klang. Sie konnte etwas Besseres vorweisen: Sie war ein charismatisches Original.

Frauen mit Charisma bieten etwas Exzentrisches an, etwas, das von der Norm abweicht. Das *Je ne sais quoi*, das gewisse Etwas, kommt von ganz tief drinnen. Manchmal wird es absichtlich betont. Mata Hari wurde eine Exotin, indem sie ihren Namen änderte und indonesische Tänze vorführte. Es kann Form gewinnen durch einen Blick, einen Stil, eine völlig neue Art zu denken. Es kann aus der schieren Kraft des Verlangens entstehen, aus der Menge herauszustechen, zusammen mit der Überzeugung, dass man aus einem anderen Holz geschnitzt ist. Für Josephine war es ihr unfehlbarer Instinkt dafür, was sie zu einem Pfau machte – und die

Fähigkeit, anschließend das Klima zu genießen, das solche exotischen Vögel brauchen. Ihr »herrlicher Körper, ein neues Vorbild für die Franzosen«, sagte ein Kritiker, »bewies zum ersten Mal, dass Schwarz schön ist«.

Erinnern Sie sich an Cher vor ihren Schönheitsoperationen? Alle, die faszinieren wollten, mussten unbedingt ihre römische Nase haben. Und dann waren da natürlich noch die unerhörten Kostüme, die sie auf einem sehr viel glamouröseren Planeten hatte anfertigen und nach Hollywood verschiffen lassen. Für einige kann ein neuer Schauplatz den Unterschied machen; Josephine jedenfalls half es an die Spitze. Selbst wenn die Männer keine Ahnung haben, was Sie sagen, hat Ihr Akzent allein einen exotischen Reiz. Was macht Sie anders? Vielleicht wurden Sie von Zigeunern großgezogen, sind aus Malta hergekommen oder wurden auf eigentümliche Weise vom Schicksal gezeichnet.

Werfen Sie diese Handbücher und Artikel weg, die Frauen sagen, wie sie sein sollen (abgesehennatürlich von diesem). Statt ihre Andersartigkeit zu kaschieren, sollten Sie sie nutzen, um sich interessanter zu machen. Selbst das Unvollkommene kann Sie zu der ungewöhnlichen Verführerin machen, die Sie sind, so lange sie selbstbewusst damit umgehen. Man muss nur ein bisschen exotisch sein, und die Sache kommt ins Rollen. Was es auch ist, arbeite damit, Baby – es sei denn, dass das, was dich von den anderen unterscheidet, nicht mehr ist als ein verschärfter Fall von Zwangsneurose. In diesem Fall sollten Sie Folgendes bedenken: In Spanien oder Tahiti könnten Sie dennoch als die große Sensation gefeiert werden. Lassen Sie mich die Erste sein, die Ihnen eine gute Reise wünscht! Packen Sie ein paar Bananen ein für den Fall, dass Sie Kleidung brauchen.

Finden Sie Ihren individuellen Duft

Coco Chanel

GEBORENE GABRIELLE BONHEUR CHANEL (1883–1971)

KONKURRENTIN/GÖTTIN-VERFÜHRERIN

»Es ist ein unsichtbares, unvergessliches und ultimatives Modeaccessoire. Es kündigt Ihre Ankunft an und verlängert Ihren Abschied«, sagte die einzigartige Modedesignerin Coco Chanel. Sie sprach nicht von Seidenstrümpfen, der Clutchbag oder hochhackigen Schuhen, sie meinte Parfüm. Coco entwickelte als erste Designerin ihren eigenen Duft und gab ihm ihren Namen, machte Chanel No. 5 zum ersten Markenparfüm der Welt. Es wurde erfunden, um die »ewige Frau« zum Leben zu erwecken, die Frau, die ihm nicht mehr aus dem Kopf geht, selbst wenn sie den Raum schon verlassen hat. Marilyn Monroe schnurrte, dass sie im Bett nichts trüge außer Chanel. Die *Vogue* bemerkte, dass es Männer verrückt mache. »Ehemänner, Schönlinge, Taxifahrer – *alle* lieben es«, überall. Seitdem hat nichts so deutlich *Verführerin* gesagt wie Parfüm. Um es mit Chanels Worten zu sagen: »Ohne ist Eleganz nicht möglich ... Parfüm ist ein Teil von dir.«

Gabrielle Bonheur Chanel war die Mutter der Neuerfindungen – oder vielleicht eine Verführerin mit der Manipulationsgabe der Göttin. Sie änderte die Geschichte ihrer bescheidenen Kindheit als Halbwaise oft, bis sie fast so schlimm wie *Les Misérables* war. Während eines kurzen, wenig erfolgreichen Intermezzos als Sängerin nahm sie den Namen Coco an. Ihr Talent für Chic entdeckte sie eher zufällig. Auf dem Weg zu einem Pferderennen schnitt sie das Vorderteil eines Pullovers auf, weil sie ihn nicht über den Kopf ziehen wollte. Coco fügte ein Band, einen Kragen und einen wohl platzierten Knoten hinzu und verkaufte jeden Tag zehn davon. »Meine Güte, mein Vermögen basiert auf einem Pullover, den ich anzog, weil es kalt in Deauville war«, behauptete sie. Aus ihrer ersten Boutique in Paris, finanziert von einem Liebhaber, verbannte sie Korsette und schnitt ihr Haar zu einem Bob. Sie führte das »kleine Schwarze« ein, Sportsachen, Modeschmuck und den Garçon-Look. Wenn es ihr gelang, 1923 Unwiderstehlichkeit in eine Parfümflasche abzufüllen, dann liegt es daran, dass sie instinktiv die Inhaltsstoffe kannte. »Ich bin nicht hübsch«, gestand sie einem Liebhaber. »Nein, das bist du nicht«, gab er zu, »aber ich kenne keine, die schöner ist als du.« Also, das ist ein zweideutiges Kompliment, das eine Frau ertragen kann.

Coco hatte schreckliche Angst davor, von einem Mann abhängig zu sein, war aber gleichzeitig für ihre Überzeugung bekannt, dass eine Frau »die nicht geliebt wird, verloren ist«. Männer waren ausnahmslos hingerissen von der Kraft ihrer Persönlichkeit. Sie war »klein und faszinierend«, erinnerte sich ein Freund, »sie hatte etwas von dem, was Cäsar an Kleopatra liebte«. Sie war in Gesprächen direkt und witzig und eine sehr aufmerksame Zuhörerin. Nachdem sie alle hatte glauben lassen, sie sei zu verführen, verschwand Coco einfach. Ihre Einstellung zu Männern und Sex war entwaffnend lässig. Der Herzog von Westminster war einer von vielen, die ihrem Charme erlagen. »Es gibt viele Herzoginnen«, sagte die schwer zu erobernde Verführerin, als sie ihm einen Korb gab, »aber nur eine Coco Chanel.« Wir können nur hoffen, dass die Tatsache, dies auf Französisch zu hören, den Tiefschlag etwas abmilderte.

Unter Cocos Liebhabern fanden sich ein millionenschwerer Kavallerieoffizier, ein Polo-König, ein sensibler Poet, der Komponist Stravinsky und ein Nazioffizier im besetzten Frankreich, was die Franzosen an ihrer Loyalität zweifeln ließ. Wie die meisten Konkurrentinnen war sie stolz darauf, von vielen attraktiv gefunden zu werden, und zog das einer exklusiven Beziehung vor. Aber wenn es in ihrem Leben die wahre Liebe gegeben hat, dann war es der verwegene »Boy« Chapel, der eine junge Erbin heiratete, bevor er zu Coco zurückkehrte. Von seinem Tod bei einem schwe-

WERDEN SIE UNVERGESSLICH

ren Autounfall erholte sich Coco nie ganz. »Wir waren füreinander geschaffen«, sagte sie, aber als kühle Konkurrentin ließ sie sich ihre Trauer nie anmerken.

Im Alter brachte Coco den Duft Chanel No. 19 heraus und testete ihn an sich selbst. Sie erzählte Reportern, dass sie von einem Mann auf der Straße angehalten und gefragt wurde, woher dieser unvergessliche Duft käme. »Eine Frau kann mit zwanzig schön sein, mit vierzig charmant und ihr ganzes Leben lang unwiderstehlich«, behauptete sie. Das beste Accessoire einer Verführerin ist ihr ganz persönlicher Duft.

Cocos Lektion

Als Kind hielt man Coco dazu an, sich gründlich mit Natronseife zu waschen, und sie hasste danach alle »weiblichen Körpergerüche«. Ihr ganzes Leben lang war sie gesegnet und gestraft mit einer sehr empfindlichen Nase. Mit Feuereifer entwickelte sie ihren eigenen Duft und verlangte Dinge, die noch niemals zuvor gemacht worden waren. »Ich will keinen Hauch von Rosen oder Lilien aus dem Tal«, sagte sie in Anspielung auf die gängigen Parfüms. »An einer Frau wirken natürliche Blumendüfte künstlich. Vielleicht muss ein natürliches Parfüm künstlich entwickelt werden.« Indem sie Extrakte von Spanischem Jasmin mit Benzylazetat mischte, schuf Chanel einen Duft, der nicht schon wenige Augenblicke nach dem Auftragen verflog. Es wurde der teuerste Duft der Welt, aber die Trägerinnen würden unvergesslich sein. Sie wählte die fünfte von acht Proben – daher Chanel No. 5.

Chanel No. 5 erinnert ihn vielleicht an seine erste Liebe oder an die Frisierkommode seiner Mutter. Für mich steht es für das glamouröse Bild meiner Cousine Georgie, die in Paris lebte, aber vor vielen Jahren durch meine Kindheit glitt. Groß, geheimnisvoll dunkelhaarig und ständig in Pelz gehüllt lebte sie ein Leben voller exotischer Ausschweifungen, in die ich niemals eingeweiht wurde, aber von denen ich mir vorstelle, dass sie sicher auch nach Chanel rochen, dem Duft, den sie in jedem Zimmer hinterließ.

DUFTVORSCHLÄGE FÜR DIE VERFÜHRERIN

ARPÈGE (LANVIN)

BEYOND PARADISE (ESTÉE LAUDER)

CHANEL NO. 5, 19, 22, COCO, CRISTALLE, ALLURE (CHANEL)

CHLOE (LAGERFELD)

EAU D'HERMÈS (HERMÈS)

FABU (DANA)

FEMME (ROCHAS)

FRACAS (PIGUET)

JOY (PATOU)

MITSOUKO (GUERLAIN)

MY SIN (LANVIN)

OPIUM (YVES SAINT LAURENT)

SHALIMAR (LANVIN)

TRÉSOR (LANCÔME)

YOUTH DEW (ESTÉE LAUDER)

Chanel No. 5, Marc Jacobs, Lancômes Trèsor – es spielt keine Rolle, was Sie wählen, sondern dass Sie Ihre Entscheidung sorgfältig treffen. Düfte sprechen. Mutig oder subtil, würzig oder süß – welcher Duft sagt der Welt am besten, wer Sie sind? Wählen Sie einen Duft, der Ihre Geschichte aufrichtig erzählt. Ihr Parfüm sollte Sie zu der Verführerin machen, die er niemals vergisst – nicht zu der Frau, die jeden Monat mit der Mode geht. Heute Nacht ist er bewegt von Ihrem Duft auf seinem Kissen, aber Ihr Duft wird Sie ihm in Erinnerung bringen, lange nachdem Sie Ihre Sachen gepackt und mit einem anderen Mann durchgebrannt sind.

Eine Frau ohne Parfüm hat keine Zukunft.

— Paul Valery

Aber rennen Sie nicht zwischen zwei Terminen in die Drogerie – nein, warum fliegen Sie nicht nach Paris, um der Sache auf den Grund zu gehen? Lassen Sie sich von Expertinnen in Fünf-Sterne-Parfümerien beraten. Fangen Sie mit ein paar Beschreibungen dessen an, was Ihre Persönlichkeit ausmacht, und fügen Sie einige Düfte hinzu, die Ihnen besonders gut gefallen. Wenn Sie einige wenige gefunden haben, die Sie mögen, tragen Sie sie. Fühlen Sie sich wie eine Verführerin oder wie irgendeine dahergelaufene Hochstaplerin, die Ihre Sachen trägt? Würden Sie sich in engen Räumen näher kennenlernen wollen oder die Flucht ergreifen?

«Düfte erreichen das Herz schneller als das Aussehen oder Geräusche», behauptete Rudyard Kipling. Achten Sie auf wässrige Augen bei den Männern in Ihrem Leben, wenn Sie dieses bestimmte Parfüm tragen. Sie werden wissen, wann es das richtige ist.

TUPFEN SIE UND ÜBERTREIBEN SIE NICHT

Sie sind hinter ihr über den Bürgersteig gegangen. Sie ist im Zug an Ihnen vorbeigegangen. Ihr Duft sagt nicht unvergesslich – nein, er sagt, dass sie vielleicht vergessen hat zu baden. Nichts kann den Effekt einer süßen Verführerin effektiver zerstören als zu viel Parfüm. Sie sollten nicht so riechen, als wären sie hineingefallen, sondern als gehöre es ganz natürlich zu ihnen. Nehmen Sie sich Cocos Rat zu Herzen und tupfen Sie es überall dorthin, wo Sie geküsst werden möchten.

SIND SIE UNVERGESSLICH?

Sind Sie eine Legende – oder glauben Sie nur selbst, es zu sein? Je mehr Fragen Sie mit Ja beantworten, desto mehr bleiben Sie in Erinnerung. Wenn Sie alle mit Nein beantworten, könnte es an der Zeit sein, noch einmal an den Zeichentisch zurückzukehren.

+ *Tendieren Männer dazu, sich an Sie zu erinnern, nachdem sie Sie zum ersten Mal kennengelernt haben?*
+ *Haben andere eine Lieblingsgeschichte über Sie, die sie gerne erzählen?*
+ *Haben Sie jemals – absichtlich oder unabsichtlich – für einen Skandal gesorgt?*
+ *Falls ja, haben Sie es genossen?*
+ *Haben Sie keine Angst davor, Dinge zu sagen oder zu tun, die nicht ganz korrekt sind?*
+ *Haben Sie einen bestimmten Duft, den andere anziehend finden?*
+ *Suchen Sie nach einer Umgebung oder einer Situation, in der Sie eher herausstechen als sich einfügen?*
+ *Macht es Ihnen nichts aus, was andere über Sie denken?*
+ *Hält man Sie für exzentrisch oder für »einzigartig«?*
+ *Haben Sie gerne einen großen Auftritt?*
+ *Hebt die Art, wie Sie sich kleiden, Sie von der Masse ab?*
+ *Haben Sie ein Talent für irgendetwas, groß oder klein, an dem man Sie wiedererkennen kann?*

Geben Sie sich Mühe

VERFÜHRERINNEN MÜSSEN NICHT ZWINGEND SCHÖN SEIN, das stimmt. Die Seiten dieses Buches sind sogar gefüllt mit Frauen, deren Verführungskünste wenig mit konventioneller Schönheit zu tun haben. Dennoch liegt es in der Natur der Verführerin, auf ihre körperlichen Reize zu setzen. Das ist teilweise Instinkt, teilweise Stolz, und es trägt zu ihrem unanfechtbaren Selbstbewusstsein bei.

Eine Verführerin macht das meiste aus ihrer Anlage. Das soll nicht heißen, dass man sie nicht in einem farbverschmierten T-Shirt und mit ungewaschenem Haar irgendwo sitzen sieht. Tatsächlich gibt es Gelegenheiten und Orte, wo diese Art von Unordentlichkeit angemessen ist. Aber wenn es darauf ankommt, dann benutzt die Verführerin alle Mittel, die ihr zur Verfügung stehen. Was mit den Haaren und den Klamotten machen? Das gehört zu den strategischen Entscheidungen – und zur Freude – des Frauseins. Aber es gibt noch mehr Wege, sich Mühe zu geben, als Sie vielleicht meinen. Bedenken Sie den Gesamteffekt Ihrer Erscheinung.

Viele Verführerinnen sind stilvoll, aber Jackie Kennedy machte Stil zu ihrer Philosophie. Und mehr noch, sie überwand, was sie als lange Liste körperlicher Mängel an sich betrachtete, und sah todschick aus. Nicole Kidmans Locken? Welcher Mann möchte sich an Tagen, an denen sie perfekt sitzen, nicht in ihnen verlieren? Margaretha Zelle steigerte ihre Verführungskünste als Mata Hari; Sarah Bernhardt, der erste internationale Superstar, verführte mit der Musik in ihrer Stimme. In diesem Kapitel treffen wir auf Frauen, die »Marketingexpertinnen« waren und sind.

Versuchen Sie, schick zu sein

(1929–1994)

Jacqueline Lee Bouvier Kennedy Onassis

GÖTTIN-/KAMERADIN-VERFÜHRERIN

»Ich will die am besten angezogene Frau der Welt sein, ohne wie die am besten ange-zogene Frau der Welt zu wirken«, sagte Jacqueline Kennedy. In den Wochen, bevor die frisch gebackene First Lady 1961 ins Ausland reiste, arbeiteten sie und ihr Modede-signer Oleg Cassini fieberhaft daran, ihre Garderobe zusammenzustellen. »Sie haben hier eine echte Chance«, sagte Cassini und machte eine dramatische Pause, »auf ein amerikanisches Versailles« – nämlich die US-Präsidentschaft als gleichwertig mit den Monarchien der alten Welt zu präsentieren. Aber da war das nicht zu unterschätzende Risiko, zu weit zu gehen. Was, wenn sie wie eine modeverrückte Marie Antoinette aussah und man ihren Kopf wollte? »So gewinnend war sie« in ihrem roten Cardigan-Kostüm, ihrem Kleid aus Seide und Wolle von Cassini, dem pinkfarbenen, mit Pail-letten besetzten Chiffonabendkleid, dass Staatsoberhäupter den Kopf verloren. »Ich bin der Mann, der Jacqueline Kennedy nach Paris begleitet«, scherzte der Präsident. Ende 1961 erschien Jackie als »Frau des Jahres« in Magazinen auf der ganzen Welt.

»Hier war eine Frau, zumindest drückte sich das in ihrer Kleidung aus, die eine kristallklare Vorstellung davon hatte, wer sie war und wie sie dargestellt werden wollte«, schrieb ein Journalist später. Sie war keine Eleanor Roosevelt, keine Mamie Eisen-hower. Sie wollte in die Fußstapfen der Verführerin Madame de Récamier aus dem neunzehnten Jahrhundert treten, deren großartiger Stil das Leben am französischen Hof nachhaltig beeinflusste. »Ich will nicht in Kohlegruben einfahren oder ein Sym-

GEBEN SIE SICH MÜHE **125**

bol der Eleganz sein«, sagte Jackie. »Ich werde niemals eine Frau sein, die in Komitees sitzt oder Mitglied in Clubs ist, weil ich nicht gesellig bin.« Indem sie alte Werte mit neuen verband, strebte sie danach, Amerika als erste Adresse der Moderne zu präsentieren. Man sagt, die Mode sei nie enger mit der Politik verwoben gewesen.

Wenn es jemals so etwas wie eine amerikanische Aristokratie gab, dann wurde Jacqueline Lee Bouvier mitten hineingeboren. Trotzdem schickten Janet und Jack Bouvier – früh geschieden – ihre Tochter mit einem wackeligen Selbstbewusstsein ins Leben. Aber daraus werden häufig Göttinnen geboren. Als Teenager machte Jackies Schweigen ihre Verführungskunst aus, später ihre andauernde Berühmtheit. Wegen ihrer Eleganz wählte man sie zur Debütantin des Jahres. Während ihres Studiums in Vassar wandten junge Männer alle erdenklichen Tricks an, um sie dazu zu überreden, mit ihnen auszugehen. Die aufblühende Göttin blieb reserviert – verträumt, versessen auf Bücher und aufreizend gern allein unterwegs. Nach einem Jahr in Frankreich kehrte Jackie mit dem festen Ziel zurück, ein bedeutungsvolles Leben zu führen. Sie löste eine Verlobung, die zu einem Leben an der Park Avenue geführt hätte, wo abends Cocktails serviert worden wären, bevor es um acht Uhr Dinner gab.

Jackie war vierundzwanzig, John F. Kennedy bereits siebenunddreißig, als sie sich kennenlernten. Sie machte Fotos für eine Washingtoner Zeitung. Er kandidierte für den Senat und arbeitete an seinem Ruf als Frauenheld. Weltgewandt, intelligent und sich offenbar selbst genug stellte Jackie die Art von Herausforderung dar, der John nicht wiederstehen konnte – aber er war nicht immer so aufmerksam, wie er es hätte sein sollen. Wenn sie sich ignoriert fühlte, tat Jackie das, was Göttinnen am besten können. Sie reagierte nicht auf seine Anrufe oder verschwand ohne ein Wort für ein Wochenende. Als John ihr einen Heiratsantrag machte, ließ sie ihn wochenlang auf eine Antwort warten, während sie auf dem Kontinent unterwegs war. Sie wusste, dass er ihr niemals treu sein würde, doch sie war fasziniert von dem Leben, das ihm verheißen schien.

SEIEN SIE KLASSISCH

Klassische Kleidung erhöht den distanzierenden Effekt der Göttin-Verführerin. Eine viktorianische Bluse oder ein Kleid im Stil der Fünfziger Jahre versetzt Sie in der Zeit zurück und lässt ihn noch mehr schwitzen bei dem Versuch, Ihr ewig geheimnisvolles Ich zu ergründen.

»Sie war sich ihres Platzes in der Geschichte absolut bewusst«, schrieb die Journalistin Marie Brenner in Great Dames. Jackie wollte nicht das Los der Frauen ändern, sondern als erste Helferin und Kameradin einen großen Einfluss ausüben. Sie arbeitete an Johns Reden und lektorierte sein Buch. Er verließ sich auf ihr Gespür für Menschen. Sie renovierte das Weiße Haus und lud kulturelle Größen ein, mit ihnen zu speisen. Jackie regierte als die amerikanische Königin in Fragen des Geschmacks, die ihr im Blut lagen. Als sie sich begegneten, öffnete Papst Johannes XXIII. seine Arme weit und rief: »Jack-iiie!« Chruschtschow drängte sich bekanntermaßen an John F. Kennedy vorbei, um zur First Lady zu gelangen. Als er das Resultat sah, bezahlte Jackies Schwiegervater Joe die Rechnung für ihre Garderobe. In der Hoffnung, genauso begehrt zu sein wie Jackie, zogen sich Frauen Hemden in A-Linien-Form und Pillbox-Hüte und pastellfarbene Kostüme an. Jackie änderte nicht nur die Sicht der Welt auf die Amerikaner, sie veränderte auch das Bild der Amerikaner von sich selbst.

Als Witwe von John F. Kennedy blieb Jackie eine der am meisten beobachteten Berühmtheiten der Welt – wie Prinzessin Diana waren Paparazzi überall besessen von ihr. Sie heiratete Aristoteles Onassis, den unzivilisierten Schiffsmagnaten, entfremdete sich ihm und kehrte nach seinem Tod endgültig nach New York zurück, arbeitete dort in einem Verlag und machte jede Veranstaltung, die sie besuchte, zu einem eleganten Ereignis. Ein halbes Jahrhundert später lebt ihre Legende weiter. Sie ist für immer die First Lady, an die wir uns ihrer Kleider wegen erinnern.

Jackies Lektion

»Was mein Aussehen angeht, ich bin groß, ein Meter siebzig, habe braunes Haar, ein eckiges Gesicht und Augen, die unglücklicherweise so weit auseinanderliegen, dass es drei Wochen dauert, bis man mir eine Brille mit einem Steg angefertigt hat, der breit genug ist, um über meine Nase zu passen«, schrieb Jackie in einer Bewerbung der *Vogue*, während sie noch in Vassar war. »Ich habe keine sensationelle Figur, aber ich kann schlank aussehen, wenn ich die richtigen Kleider wähle.« Hey, Jackie hatte Komplexe genau wie wir anderen. Sicher, sie besaß ein Händchen dafür, ein klassisches Kleid oder eine Hose anzuziehen und mit dem richtigen Gürtel in etwas sehr Schickes zu verwandeln. Dieser sichere Sinn für Stil war der Schlüssel ihrer Anziehungskraft.

Vor Jackie trugen Frauen geraffte Röcke, schmale Taillen und Puffärmel. Sie jedoch folgte keinem Modestandard und führte eine stromlinienförmige Silhouette ein. »Wir sehen sie an und denken: Wie einfach!« sagte Givenchy. »Aber ... sie war sich ihres Stils, ihres Körpers, ihres Gesichts sehr bewusst.« Sie »wusste instinktiv, was ihr stand«, schrieb eine weitere Modedesignerin, »und was auf keinen Fall.« Sie blieb bei gediegenen Farben, klassischen Linien und sportlichen Sachen. Sie trug Kleider im Empirestil, um ihre Beine zu verlängern, und Oberteile mit U-Boot-Kragen, um den Blick auf ihre eleganten Schlüsselbeine zu lenken. Indem sie einfach nur fantastisch aussah, »zerbrach sie die Form, aus der man bisher die ideale begehrenswerte amerikanische Frau gegossen hatte«. Neben das Fantasiebild der vollbusigen Blondine der Fünfziger Jahre wurde das der sportlichen, modernen Dunkelhaarigen gestellt.

Was ist Stil? »Für einige ist es eine Art von ständigem Richtigliegen bei der Kleidung, die eine Möchtegern-Stilikone von der echten Elite unterscheidet«, sagt *The Power of Style*. Aber es ist nicht ein Schrank voller Designerklamotten, die nur wegen ihres Namens gekauft wurden. Ich kenne eine vermögende Frau, die viel Geld für einen zugebundenen Jutebeutel ausgeben würde, so lange auf dem Schild Chanel steht; niemand kann wirklich herausfinden, was sie da gerade trägt. Jackie hingegen hielt sich selbst als Studentin niemals sklavisch an Trends. Sie trug ihren Stoffmantel, als Nerz gerade der letzte Schrei war. »Ich genieße es manchmal, wie die Arme-Leute-Version aus Paris das Haus zu verlassen«, schrieb die junge Jackie in aller Bescheidenheit. Um schick zu sein, müssen Sie wissen, was Ihnen am besten steht und es tragen, als wären Sie auf dem Laufsteg.

Suchen Sie sich Kleider, die Ihrer weiblichen Figur schmeicheln, selbst wenn Sie dafür Modetrends aus einem anderen Jahrzehnt wieder hervorkramen müssen. Aber versuchen Sie nicht so auszusehen, als litten Sie unter Mode-Jetlag – also vergessen Sie dicke Schulterpolster, es sei denn, sie gehen als *Denver Clan*-Krystle Carrington auf einen Kostümball. Wählen Sie Farben, die Ihre rosigen Wangen und das Strahlen in Ihren Augen unterstreichen, und natürlich schmeichelt Schwarz jedem. Setzen Sie auf eindrucksvolle Details und kombinieren Sie Einzelteile auf neue, originelle Weise. Scheuen Sie sich nicht, Hilfe von außen zu suchen. (Jackie tat das.) Machen Sie keinen Trend mit, es sei denn, er steht Ihnen. Bleiben Sie bei den bewährten Klassikern, wenn Sie unsicher sind.

Suchen Sie sich den besten Schneider in der Stadt. Was immer Sie tragen, sollte aussehen, als sei es nur für Sie gemacht worden. Denken Sie daran, dass Mode eine Sprache ist. Finden Sie heraus, was Sie gerne sagen wollen; sprechen Sie in ganzen Sätzen und achten Sie auf richtige Grammatik. Was Sie tragen, sollte Ihnen das Gefühl geben, schön zu sein. Stil hat Anziehungskraft; ihr Verführerinnen-Schick kann einen unwiderstehlichen Reiz ausüben.

Finden Sie Ihre lockende Stimme

(1844–1923)

Sarah Bernhardt

KAMERADIN-/GÖTTIN-VERFÜHRERIN

Als es ihr 1866 schließlich gelang, ein Treffen mit dem berühmten Regisseur Félix Duquesnel zu arrangieren, war die Schauspielerin Sarah Bernhardt schon seit zwei Jahren arbeitslos. Sie bereitete sich darauf genauso vor wie auf einen wichtigen Bühnenauftritt. Sie erschien exotisch gekleidet in einer *Crepe de chine*-Tunika im chinesischen Stil und einem großen Strohhut, an dem Glocken befestigt waren, die bei jeder Geste lieblich schellten. »Vor meinen Augen tauchte die bezauberndste Person auf, die man sich nur erträumen konnte«, berichtete der entzückte Duquesnel. »Sie war mehr als hübsch, sehr viel gefährlicher als das ... Kristallklar drang [ihre Stimme] mir direkt ins Herz ... ich war mit Körper und Seele erobert.« Duquesnel sicherte sich Sarah im Bett und für das Odéon-Theater, wo sie zu einer *Tour de Force* wurde.

Bevor es das Fernsehen, das Radio oder das *People*-Magazin gab, war Sarah Bernhardt der erste internationale Superstar – eine Ikone, dem Arc de Triomphe ebenbürtig. Über jedes Räuspern von ihr wurde in der Presse berichtet. Bernhardt war winzig (nur knapp über einen Meter fünfzig) und »klapperdürr«. Selbst bei ihrem Motto *quand même* – oder trotzdem – fragt man sich: Was war es, dass sie so unwiderstehlich machte? Immer wieder wurde ihre magische Anziehungskraft ihren strahlenden Augen, ihren eleganten Gesten, aber vor allem ihrer lockenden Stimme zugeschrieben. »Ich glaubte sofort alles, was sie sagte«, schrieb der junge Sigmund Freud, bezaubert von ihrem Auftritt in *Théodora*. Sie wurde die größte Schauspielerin aller Zeiten genannt, die göttliche Sarah, das achte Weltwunder.

Als vernachlässigte Tochter einer viel beschäftigten Pariser Kurtisane entwickelte die junge Sarah ein unstillbares Bedürfnis, von der Welt hofiert zu werden. Sie lebte es auf den Bühnen des Odéon und der Comédie Française aus, bevor sie ihre eigene internationale Wandertruppe gründete. Dass sie in einem Sarg schlief, gab ihren Reizen einen entzückend bizarren Aspekt – und sicherte ihr die zusätzliche Berichterstattung, nach der sie süchtig war. Wie die meisten Schauspielerinnen ihrer Zeit hielt sich Sarah »Sponsoren«. Sie lernte früh, die *Amant de coeurs* – die Liebhaber, die ihr Herz besaßen – mit denen abzuwechseln, die über Vermögen verfügten. Schulden waren für Sarah »nur ein Sprungbrett zu größerer Extravaganz«. Die Ein- und Ausgänge jener promiskuitiven Jahre beförderten ihre Kraft auf der Bühne. Sie eroberte Paris und dann London mit ihrer romantischen Interpretation von Klassikern wie der *Kameliendame*. »Ich könnte so eine Frau selbst lieben, sie bis zum Wahnsinn lieben«, schrieb D. H. Lawrence über ihre Todesszene. »Ihr trauriges, schwermütiges Murmeln; ihre schrecklichen Pantherschreie ... das leise Schluchzen, das einen schlicht versengt ... das ist zu viel für einen Abend.« War dies die Geburtsstunde der modernen Seifenoper?

Mein lieber Kollege, warum greifen Sie mich so hart an? Schauspieler sollten nicht so hart zueinander sein.

— Sarah Bernhardt an den Bischof von Montreal

Sarah blühte auf durch eine »zermürbende Kombination« von Liebe und Arbeit – beides bot ihr Spannung, Höhepunkte und Applaus. »Komm! Komm! Komm!« schrieb sie einem Liebhaber und legte eine Zeichnung von einem zerwühlten Himmelbett dazu. Bei einem anderen hieß es: »Für mich bedeutet Liebe, dich zu lieben«, selbst wenn sich ihre Affären überschnitten. Sie besaß das Geschick der Kameradin, die süßen Worte zu sagen, nach denen ihre Bewunderer sich sehnten. Am besten war sie als weise Beraterin und Beförderin ihrer Karrieren. Doch bei jeder Annäherung zog sie sich wie die Göttin hastig zurück, oft in Ränke, eine neue *Amoureuse*. »Es geht mir nicht gut, mein Freund Jean, gar nicht gut. Ich wage es nicht, dir dieses kranke kleine Wesen zu zeigen.« Nach mehreren solcher Absagen trat der arme, gequälte Jean in einer Eifersuchtsattacke das Fenster eines Kutschers ein. Trotzdem bettelte er darum, nicht aus ihren »hübschen rosa Klauen« gelassen zu werden.

Über Sarah hieß es: »Die körperliche Liebe war der schnellste Weg zur Freundschaft.« Die wankelmütige Geliebte war eine loyale und unterhaltsame Freundin – ist das nicht immer der Weg der Kameradin? Zu ihrem Kreis gehörten der Prinz von Wales, der Schriftsteller Victor Hugo und der Künstler Gustave Doré genauso wie unzählige Schauspieler, Regisseure, Dramatiker und verschiedene Finanziers. »Mein Herz verlangt mehr Aufregung, als irgendjemand mir geben kann«, schrieb sie. Da war die Strohfeuer-Ehe mit einem jungen griechischen Schauspieler, dessen Reiz kaum den Hochzeitstag überlebte. Auch im Alter behielt Sarah ihre »monströse Vitalität« und jenen pikanten Ton ihrer lockenden Stimme.

Jenseits der Siebzig spielte die unbeugsame Sarah von ihrer Sänfte aus, nachdem man ihr das rechte Bein wegen eines verletzten Knies amputiert hatte. Sie zog weiter in das neue Medium Film und wurde berühmt für ihre Darstellung der Verführerin Königin Elisabeth I. Die Bernhardt ging für den »Glanz ihrer Persönlichkeit« in die Geschichte ein, um Oscar Wilde zu zitieren, und wegen der verführerischen Kraft ihrer Sprechstimme.

Sarahs Lektion

Am Anfang von Sarahs Karriere wollte das Odéon-Theater ein Stück des beliebten Schriftstellers Victor Hugo aufführen, aber Napoleon III. bestand darauf, es durch ein Stück des kaiserlichen Lieblingsautors Alexandre Dumas zu ersetzen. Ganz Paris war empört, und man versammelte sich im Theater, um dagegen zu protestieren. Die laute Demonstration dauerte eine Stunde lang an, dann hob sich der Vorhang, während der Mob mit seinem wütenden »Crescendo von ohrenbetäubenden Buhrufen« fortfuhr. Sarah lief resolut hinaus ins Rampenlicht. »Glaubt ihr wirklich, dass ihr für Gerechtigkeit sorgt, indem ihr Alexandre Dumas für Victor Hugos Exil verantwortlich macht?« fragte sie. Ein nachdenkliches Schweigen entstand. »Mademoiselle Bernhardt erschien in einem exzentrischen Kostüm«, berichtete *L'Opition Nationale*, »aber ihre warme Stimme, ihre erstaunliche Stimme, bewegte die Menge. Wie ein kleiner Orpheus zähmte sie sie.«

In der blumigen Sprache von damals wurde Sarahs Stimme beschrieben als »silbern«, »ein Streicheln« und »wie die Seufzer, die der Wind einer äolischen Harfe entlockt«. Ihr Vortrag war »so rhythmisch, so klar in der Aussprache«, schrieb ein Kritiker in *Le Temps*, dass »nicht eine einzige Silbe verloren ging«. Ihre Stimme hatte eine musikalische Qualität. Sarah benutzte sie wie ein Instrument und zog ihre Zuhörer mit hohen und tiefen Tönen ins Vertrauen. Ihr Tonfall stellte eine überraschend neue emotionale Ausdruckskraft dar, die die Menschen zu Tränen rührte.

ÜBUNG SORGT FÜR DEN SCHNURR-EFFEKT

Sie wollen Ihrer Stimme diesen lockenden Klang geben? Greatvoice.com gibt Ihnen den Rat, sich ein Wort zu suchen, das für Sie für Verführung steht – wie »sinnlich« – und es dreimal laut zu wiederholen. Dann rufen Sie sich ein entsprechendes Bild in Erinnerung. Entspannen Sie Ihr Gesicht, lächeln Sie schelmisch und üben Sie den Satz: »So ein Mädchen bin ich nicht!« – bis Sie es definitiv sind.

LESEN SIE IHM EINE GUTE-NACHT-GESCHICHTE VOR

Gedichte, Pornografie, ein Kinderbuch – benutzen Sie Ihre wunderschöne Stimme, um ihm eine Gute-Nacht-Geschichte vorzulesen. »Ich habe das zufällig angefangen, als ich für ein Stück meinen Text übte«, sagt Holly, eine ehemalige Schauspielerin, die jetzt als Devisenhändlerin arbeitet. »Ich fand heraus, dass es ein erotisches Potenzial besaß.« Einem Mann etwas vorzulesen, hat nicht nur den beruhigenden Effekt einer Mutter-Verführerin, sondern auch eine möglicherweise die Fantasie anregende Kraft, wenn man das richtige Buch auswählt.

Aber was genau ist es, was eine Frauenstimme für Männer so reizvoll macht? Dem *National Public Radio* zufolge ist das schwer zu bestimmen, aber es könnte etwas mit Rauchigkeit zu tun haben, vor allem in den tieferen Oktaven. Kathleen Turner bekommt zum Beispiel sehr gute Werte. Jane Fondas Stimme wurde sexy, als sie für ihre Rolle als Callgirl in dem Film *Klute* tiefer sprach. Aber laut einer Studie der Universität von Kalifornien über Telefonverkäufe ist etwas Praktischeres am Werk. Es ist die »Musik« – Tonlage, Klang und Tonfall –, die das Geschäft zustande kommen lässt oder nicht. Mit anderen Worten: Der Schlüssel ist nicht so sehr die Stimme selbst, sondern die Persönlichkeit hinter der Stimme.

Ändern Sie Ihren Namen

Mata Hari

GEBORENE MARGARETHA GEERTRUIDA ZELLE (1876–1917)

SEXBOMBEN-VERFÜHRERIN

Als der schwermütige Akkord einer einsamen Sitar den nachgebauten Tempel erfüllte, erschien die dramatische Silhouette einer Tänzerin. Langsam, rhythmisch bewegte sie sich in leidenschaftlicher Selbstvergessenheit vor einem Götzenbild der Schiwa, einer Hindu-Gottheit mit einem scheinbaren Appetit auf weibliches Fleisch. Sie warf ihre wehenden Schleier einen nach dem anderen ab und enthüllte ihre langen, glänzenden Gliedmaßen, bebende Hüften und ein metallisches Bustier. In einem Crescendo religiösen Fiebers gab sie sich Schiwa in einem Delirium der Unterwerfung hin und brachte »die männlichen – und einen guten Teil der weiblichen – Zuschauer an den Rand der noch respektablen Aufmerksamkeit«. Für die geladenen Gäste gab der Name Mata Hari dem Spektakel einen weiteren glitzernden Hauch von exotischem Geheimnis. Wenn die Lichter wieder angingen, war sie Lady MacLeod, eine geschiedene Adlige und keineswegs indonesischer Abstammung.

Wie jede angehende Verführerin kannte Margaretha MacLeod die Macht des Exzentrischen. Und als eine Kurtisane der Belle Époque war ihr bewusst, dass sie sich von der vorhandenen Masse an schönen Mädchen abheben musste. Sie griff auf ihre Erlebnisse während ihrer Zeit in den holländischen Kolonien, dem heutigen Indonesien zurück und erschuf sich neu als exotische Tänzerin aus einem Hindu-Tempel. Sie erfand den Striptease und machte ihn durch einen spirituellen Anstrich halbwegs respektabel. Ihr Erfolg war ihre »dreiste Neuartigkeit«. Zeitungen berichteten von ihren Eroberungen und »genossen es, jedes neue Opfer ihres Charms zu verspotten«, wenn es von einem erfolgreicheren Rivalen verdrängt wurde. Mata Haris Name, der im Indonesischen übersetzt »Tageslicht« bedeutet, war genial.

Margaretha Geertruida Zelle wurde in Leeuwarden in Holland als Tochter eines Hutmachers mit gesellschaftlichen Ambitionen geboren. Weil sie mit achtzehn das Abenteuer suchte, meldete sich Greta auf eine Kontaktanzeige in einer Amsterdamer Zeitung (heutzutage würde sie zweifellos durchs Internet surfen): »Offizier auf Urlaub aus Indonesien sucht Frau, deren Charakter seinem Geschmack entspricht.« Sie segelte nach Holländisch-Ostindien als die junge Braut von Hauptmann Rudolf MacLeod. Doch ihre Ehe war weit entfernt davon, glücklich zu sein. Seine Trunksucht war das Vorspiel zu Gewalt und zahlreichen außerehelichen Affären. Schließlich war die Beziehung am Ende, und mit siebenundzwanzig landete Greta in Paris, wo sie als Modell für Künstler Arbeit suchte.

Jede Sexbombe hat einen Pygmalion. Greta begegnete ihrem in dem älteren Baron Henry de Marguérie, dem Vizepräsidenten der französischen Gesandtschaft in Den Haag. Er bezahlte ihre Hotelrechnungen, und gemeinsam arbeiteten sie an ihrer neuartigen Aufführung. Mit ihrer Größe von einem Meter fünfundsiebzig war Greta unmodern groß und schlaksig, aber ihr koketter Hüftschwung besaß eine magische Anziehungskraft. Die Entschleierung der großen Tempeltänzerin Mata Hari im Pariser Museum wurde sofort der Renner – obwohl, wie die Schriftstellerin Colette bemerkte, »sie eigentlich kaum tanzte«. Im »fernen Indien«, wo sie niemals gewesen war, »vereinen sich zwei Liebende, die sich aufrichtig lieben«, erklärte Mata Hari, »in einer Liebesumarmung auf der Bühne vor den Augen des Publikums«. Natürlich war das frei erfunden.

Mata Hari praktizierte niemals »die einfachere Art der Koketterie, die den schicken Parisienne so vertraut war«, schrieb ein Bewunderer. Da war »etwas von der primitiven Wilden« und doch etwas »Kultiviertes« an ihr. Sex war ihrer Ansicht

138 DAS GEWISSE ETWAS

nach wichtiger für Männer als für Frauen. Die Macht einer Frau liege darin, dieses Wissen aggressiv zu nutzen. Ihre provokante Annäherung, sagte man, machte es einem Mann schwer, sich nicht von ihr angezogen zu fühlen. Aber ihr Hindu-Streben nach einem »Leben in Schönheit« bedeutete eigentlich, dass sie ständig auf der Suche nach billigem Nervenkitzel war.

Ihre Schönheit »blühte nicht für einen Mann, sondern für eine Menge« – was den Kronprinzen von Deutschland, den Kriegsminister Adolphe-Pierre Messimy, die Komponisten Giacomo Puccini und Jules Massenet sowie den Baron Henry de Rothschild einschloss. Sie bevorzugte Soldaten, denn sie gäben ihr die Gelegenheit, »Nationen zu vergleichen«, sagte sie mit einem Anflug von Ironie. Ihre Masche war großzügige Verführung – »Ich habe ihn erobert« – und dann totale Unterwerfung: »Tu mit mir, was du willst.« Die Kombination berauschte. Als der Erste Weltkrieg ausbrach, verliebte sie sich heftig in einen jungen russischen Soldaten, der nur halb so alt war wie sie selbst. Nachdem sie gezwungen war, ihn zu unterstützen, stieg sie ins Spionagegeschäft ein.

»Sie war die vielleicht größte Spionin des Jahrhunderts«, sagte der Ankläger in Mata Haris Prozess wegen Hochverrat. »Das Böse, das [sie] getan hat, ist unglaublich.« Mata Hari wurde zuerst von den Franzosen, dann von den Deutschen angeworben. Vermutlich war sie mehr eine Pfuscherin, verstrickt in die Kriegshysterie und wurde ohne stichhaltige Beweise verurteilt. Die große Mata Hari starb herausgeputzt wie ein Pfau und warf ihrem Erschießungskommando Kusshände zu.

Mata Haris Lektion

Wenn das Italien der Renaissance für Maler und Bildhauer bekannt war, dann ist das Paris der Jahrhundertwende in die Geschichte eingegangen als die Ära der Kurtisanen, die die Liebe zur Kunst erhoben und Sex zu einem respektablen Metier machten. Aber die Namen der Großen – Harriet Wilson, Alice Ozy oder sogar

Blanche de Païva – sind fast völlig verblasst. Greta MacLeod wusste, dass eine Legende vor allem einen unvergesslichen Ansatzpunkt braucht. Der Name Mata Hari ist immer noch ein Synonym für Verführerin, selbst für diejenigen, die heute nichts mehr über seine Erfinderin wissen.

Als Greta im Pariser Musée Guimet ihre Show begann, bestand der Direktor darauf, einen Künstlernamen zu benutzen. Sie schlug Mata Hari vor, den Namen, den sie in Indonesien benutzt hatte, als sie dort »Eingeborenentänze« in Offiziersclubs aufführte. Er klang zutiefst exotisch, aber war einfach zu merken und auszusprechen. Fast sofort entwickelten Männer einen pawlowschen Reflex: Der Name »Mata Hari« reichte, um sie sofort zu erregen. Offiziere gerieten außer sich, wenn sie hörten, dass Mata Hari im Raum sei.

Norma Jean Baker, Beryl Clutterbuck und Bessie Wallis Warfield wurden zu Marilyn Monroe, Beryl Markham und Wallis, Herzogin von Windsor. Eliza Gilbert war Lola Montez und Greta Lovisa Gustafsson die geheimnisvolle Garbo. Pamela Digby nannte sich weiterhin Churchill, selbst nachdem sie sich von Winstons Sohn hatte scheiden lassen und mehrfach wieder heiratete. Warum? Weil es ihr ein gutes Gefühl gab. (Und natürlich weil sie ein schrecklicher Snob war.) Wenn Ihr Name Ihnen das Gefühl gibt, Aschenputtel vor dem Ball zu sein, zögern Sie nicht – ändern Sie ihn in etwas, das Ihrem Verführerinnen-Selbst mehr entspricht. Er macht so viel Eindruck wie die Kleider, die sie tragen, und kostet nicht so viel, wie auf der Höhe der Mode zu bleiben. Suchen Sie den richtigen Namen aus, und er wird ihre Wirkung verzehnfachen.

Haben wir schon über meine College-Klassenkameradin Brett Ashley gesprochen? Falls Sie ihren Namen erkannt haben, sind Sie nicht allein. Er stammt aus Fiesta, Ernest Hemingways klassischer Novelle, die wir alle in der Schule gelesen haben. Als Freshman sah die ehemalige Natalie Fink die Möglichkeit, noch einmal neu anzufangen. Wie Hemingways Heldin wickelte sie Männer um den kleinen Finger, aber erst »Brett« gab ihr das Gefühl, ein Recht darauf zu haben. Manchmal muss man nur einen Buchstaben oder eine Silbe ändern. Eine unscheinbare Jane, die ich kannte, wurde Janu; meine Freundin Linda ist jetzt die Lana, die sie im Traum schon lange war. Beide berichten, sich durch ihre Namen anders zu fühlen und dass sich dadurch auch die Art geändert habe, wie andere sie sehen.

MACHEN SIE ES LEGAL

Sie können sich einen neuen Namen aussuchen und ihn ständig benutzen oder ihn sich für immer per Gerichtsbeschluss sichern. Aber vergessen Sie »Carmen Electra«, falls Sie vorhaben sollten, sich an der Berühmtheit der Schauspielerin zu bereichern. Interpunktion, Zahlen und unanständige Wörter sind ebenfalls nicht gestattet, es sei denn, wie es scheint, Sie heißen Prince. Die Vorschriften sind von Staat zu Staat verschieden, aber wenn Sie es offiziell machen wollen, dann sollte Sie Ihr erster Weg ins Rathaus führen. Besuchen Sie soyouwanna.com, um nähere Details herauszufinden.

Finden Sie es ein bisschen komisch, plötzlich auf Tallulah zu hören? Dafür sind Städte wie Las Vegas da. Machen Sie den Test. Drehen Sie das Roulette und kippen Sie einen Cocktail runter, während Sie sich mit dem Namen Ihrer Wahl ansprechen lassen. Und dann fahren Sie im nächsten Frühling als Venus von Milo nach Cancun. Wenn der Name selbstverständlich klingt, dann ist es vielleicht der, der für Sie bestimmt ist. Zu Hause brauchen Sie nicht darauf zu bestehen. Stellen Sie sich einfach Fremden mit Ihrem neuen Namen vor, und schließlich werden ihn alle übernehmen.

Lassen Sie Ihr Haar herunter

Nicole Kidman (*1967)

GÖTTIN-VERFÜHRERIN

Es ist der Frühling des Jahres 1861, und die Männer von Cold Mountain bereiten sich darauf vor, für den Norden im Bürgerkrieg zu kämpfen. Aber die suchenden Blicke und die schüchternen Worte zwischen W. P. Inman und Ada Monroe erzählen eine andere Geschichte: die einer ganz großen Liebe. Oder vielleicht ist es auch Sex, verpackt in Korsetts und Reifröcke. Als Schüsse am Fort Sumter fallen, muss Inman in den Krieg ziehen. Er küsst Ada leidenschaftlich, und sie verspricht zu warten. Drei Jahre später desertiert er und flieht zu Fuß nach Hause zu Ada. Hey, diese beiden kennen sich kaum. Doch wir wissen wegen Adas Haar, dass ihre Liebe aufrichtig ist – Locken so sinnlich, dass sie das Risiko wert sind, das Inman eingeht, um nach Hause zu kommen.

Wenn man bei dem Film *Cold Mountain* mit Nicole Kidman und Jude Law den Ton abstellt, könnte die Geschichte durch Adas Frisuren erzählt werden. Am Anfang sind ihre Locken ordentlich hochgesteckt. Als der Krieg ausbricht, könnte ein Vogel ihre Mähne mit einem Nistplatz verwechseln. Als Inman sich seiner Heimat nähert, fällt Adas volles, goldenes Haar bis hinab zu ihrer Hüfte, und wilde Strähnen signalisieren ihre sexuelle Bereitschaft. Sie ist Rapunzel ohne Turm, die ihren Prinzen zu sich zieht. Als die beiden zusammenkommen, schlingen sich Adas Locken um ihre Körper in einer Liebesszene, die direkt aus dem Märchen zu stammen scheint.

Nicole Kidmans Haarschopf ist einer der am meisten beobachteten der Welt, das zumindest besagt eine Online-Umfrage bei Männern. Ihr Verführerinnen-Status

GEBEN SIE SICH MÜHE **143**

wird ausgestaltet – sogar gefestigt – durch ihr Haar. Und da Kidman sich dieser Verführungskraft bewusst ist, setzt sie es umsichtig ein. In ihrer Jugend trug sie ihre Mähne wild und offen. Sie sagte: »Gib mir die Rolle, ich zeige dir unerwartete Sinnlichkeit.« Als sie bekannter wurde, trat die bewachte Göttin mit strengem Knoten und Pony hervor. Heute, als liebende Frau, lässt sie ihr Haar offen bis auf die Schultern fallen, eine glatte Version ihrer frühen Verführerinnen-Identität.

Aufgewachsen in der liberalen australischen Version der Cleaver-Familie, zeigte Kidman die Neigung der Göttin zur Exzentrik. »Ich hatte ein großes Bedürfnis, jemand anderer zu sein«, sagte sie. Sie wurde wegen ihrer Größe, ihrer geisterhaft blassen Haut und ihres widerspenstigen Haares gehänselt. Bei einem Job als Model formte ein Friseur ihre Mähne zu Ringellöckchen – und der »präraffaelitische Engel« war geboren. Sie verwandelte sich zur Venus in der Muschel. »Nicole fand ihr Wesen einfach dadurch, dass sie ihr Haar in seiner natürlichen Form ließ«, sagte ein Freund.

Während die Kidman sich als die Australierin von nebenan präsentiert, ist dieses Bild doch ein bisschen verdreht. Sie benutzt Worte wie »Schicksal«, wenn es um Rollen geht, für die sie tatsächlich wie eine Löwin gekämpft hat. Während ihrer zehnjährigen Ehe mit dem Schauspieler Tom Cruise wirkte die Kidman wie aus Marmor gemeißelt. Durch ein abgehörtes Handygespräch erfuhren wir, dass Cruise die Forderungen der Göttin nach Blumen, eingelassenen Bädern und Liebesnachrichten erfüllte. Die Ehe war perfekt – bis zur schockierenden Scheidung. Wir werden nie erfahren, was genau schiefging. Seitdem hat sie eine neue Rolle als heilige Ehefrau des Countrysängers Keith Urban gefunden.

Kidman regiert in Hollywood mit einer Aura des Geheimnisvollen, die selbst dann noch anhält, wenn sie dem öffentlichen Bedürfnis nach einem offenen Gespräch nachgibt. Wir beobachten ihr Haar auf Hinweise darauf, was wirklich vor sich geht. Für Rollen war es schon kurz, schwarz, erdbeerfarben, lockig und glatt, aber Männer lieben sie am meisten als präraffaelitischen Engel – *Tage des Donners*,

Malice, *In einem fernen Land* oder *Moulin Rouges'* tuberkulöse Satine kommen einem da in den Sinn. Nur in jener Werbung für Chanel No. 5 – dem Duft der Verführerin – ist die Spannung wirklich auf dem Höhepunkt. Wäre sie ohne ihre Locken die Göttin, die sie heute ist?

Nicoles Lektion

Hat Eva Adam mit einem süßen Bob in Versuchung geführt? Hat die schöne Helena mit einem Kurzhaarschnitt die Griechen dazu bewogen, für sie in Troja einen Krieg anzuzetteln? Können Sie sich ein Lied vorstellen, in dem eine Kurzhaarfrisur einer langen Version vorgezogen wird? Ich glaube nicht. Es ist immer die lange Mähne, die reizt. Gwyneth Paltrow, Jennifer Aniston und Sarah Jessica Parker haben mit Kurzhaarschnitten schlechte Erfahrungen gemacht.

»Ich weiß nur, dass sich noch nie ein Mann über mein langes Haar beschwert hat«, sagte die Schauspielerin Jane Seymour, selbst eine Verführerin. Nun, das wird auch nicht passieren. Keine Frau auf diesem Planeten wird diese Präferenz abstreiten. Aber worum geht es dabei eigentlich? Die frühen Christen glaubten, dass die Locken einer Dame Teil ihrer Genitalien seien – in der Lage, Samen aufzusaugen wie ein leidenschaftlicher Staubsauger. Die Theorie gibt wieder, was Männer und Frauen instinktiv wissen: Schönes Haar entspricht einem machtvollen Sexappeal. Warum sonst werden Frauen gezwungen, ihr Haar zu bedecken? Selbst Männer setzen ihre Kahlköpfigkeit mit fehlender Männlichkeit gleich.

Eine Frau mit wunderschönen langen Locken hat einen elektrisierenden Effekt. Nicole Kidman hat verstanden, wie viel Schlagkraft in ihrem Haar steckt, und erscheint niemals in der Öffentlichkeit, ohne genau kalkuliert zu haben, welche Strähne wohin fällt. Zu einem Knoten aufgesteckt könnte eine lockere Haarnadel es in Kaskaden herunterfallen lassen, das klassische Bild von der prüden Bibliothekarin mit der sinnlichen Seele. Langes Haar signalisiert Jugend, aber was, wenn

Sie sich, wie die Kidman, trotz ihrer Schönheit irgendwann jenseits der Vierzig wiederfinden? »Es ist keine Frage des Alters«, sagt die *Vogue*. Demi Moore, Jane Seymour und Rene Russo wissen es: Langes Haar verstärkt den Sexappeal.

SPIELEN SIE MIT DEN SCHULMÄDCHENFANTASIEN

Eva Perón trug ihn, wenn sie mit Juan ausspannte. Nicole trägt ihn, wenn sie schüchtern wirken will. »Männer lieben Pferdeschwänze«, behauptet meine Verführerin-Freundin Samantha. Colette sorgte mit ihrem wollüstigen Roman Claudine à l'École *dafür, dass Pferdeschwänze wieder in Mode kamen, und Pariser Bordelle griffen den Hinweis auf. Tragen Sie gelegentlich Zöpfe oder einen Pferdeschwanz. Wenn Sie sich trauen, kombinieren Sie das mit einem mädchenhaften Schottenrock. Wie Samantha sagt: »Dann wird die Schulmädchenfantasie wahr.«*

Wissen Sie nicht genau, was Sie mit Ihren Haaren machen sollen? Lassen Sie sie wachsen. Tun Sie, was immer nötig ist, um sie voll und glänzend aussehen zu lassen. Eine Verführerin wird niemals praktisch denken, wenn es um ihr Haar geht. Machen Sie nicht den Fehler und lassen Sie es sich abschneiden, weil das gerade in Mode ist, weil es nervt oder zu dünn ist. Experten zufolge ist alles oberhalb der Kinnlinie ein Risiko – es sei denn, Sie gehören zu der seltenen Spezies, bei denen es so kurz gut aussieht. Lassen Sie es wachsen, bringen Sie Volumen rein und frisieren Sie es nach Herzenslust. Haarteile? Die sind ein Geschenk des Himmels.

GEBEN SIE SICH MÜHE?

Stecken Sie im Alltagstrott? Oder bringen Sie Abwechslung hinein und sehen sich nach immer neuen Wegen um, die Verführerin in sich zum Ausdruck zu bringen? Je mehr Fragen Sie mit einem Ja beantworten können, desto besser. Wenn Sie stattdessen öfter Nein sagen, dann ist es vielleicht Zeit für Veränderungen.

+ *Wählen Sie Ihre Garderobe so aus, dass sie Eindruck macht?*
+ *Können Sie sofort die Farben und Schnitte aufzählen, die Ihnen stehen?*
+ *Empfinden Sie Ihr Haar als einen »sehr wichtigen Schmuck«?*
+ *Brauchen Sie mehr Zeit für Ihre Frisur als fürs Duschen?*
+ *Setzen Sie Ihre Stimme bewusst ein, um bei Ihren Forderungen und Bitten bessere Resultate zu erzielen?*
+ *Finden Sie, dass die Zeit, die Sie für die eigene Selbstdarstellung verwenden, sehr gut investiert ist?*
+ *Haben Sie Mentoren, was Ihren Stil angeht – Frauen, deren gesamtes Erscheinungsbild Sie nachahmen würden?*
+ *Spiegelt Ihr Name Ihre Persönlichkeit?*
+ *Sind Sie bereit, Neues auszuprobieren? (Oder haben Sie das Gefühl, Ihre permanente Stilnische gefunden zu haben?)*
+ *Finden Sie, dass Sie trotz Ihrer Fehler eine attraktiv aussehende Person sind?*
+ *Finden Sie, dass bis zu einem gewissen Grad jeder versucht, sich selbst gut zu verkaufen?*

Entführen Sie die Männer

EINIGE VERFÜHRERINNEN SIND GESCHICKT DARIN, die Männer an einen anderen Ort zu entführen. Es ist das Gesetz des Universums: Wenn Sie dafür sorgt, dass es ihm gut geht, wird sie unwiderstehlich. Sie bringt ihn vielleicht zum Lachen, genau in dem Moment, wenn er es am meisten braucht, oder gibt ihm das Gefühl, ein Vorstandsvorsitzender zu sein, selbst wenn er nur das Gehalt eines Briefträgers nach Hause bringt. Andere Verführerinnen inspirieren ihn zu einer Kreativität, die er niemals für möglich gehalten hätte. Die Verführerin weiß, was ihn glücklich macht, und sorgt dafür, dass er es ist.

Es wird Sie nicht überraschen zu erfahren, dass die Verführerin, die am verlässlichsten verzückt, die Kameradin- oder die Mutter-Verführerin ist – manchmal ist sie eine Sexbombe. Sie empfindet es als Belohnung genug, ihm Freude zu schenken. Es ist Teil ihres Wesens. Genauso kann jedoch auch eine Göttin- oder eine Konkurrentin-Verführerin wie ihre Schwestern für eine alles übersteigende Erfahrung sorgen, wenn Sie sich dazu entschließt.

Die berühmte Köchin Nigella Lawson vermischt die Freuden des Sex mit den Freuden des Kochens, und bis jetzt hat sich noch niemand beschwert. Die Schauspielerin Carole Lombard brachte die Männer zum Lachen, und die Kurtisane Veronica Franco aus dem sechzehnten Jahrhundert wurde für die verzückenden Gespräche mit ihr bezahlt. Und wäre die Muse Alma Mahler nicht gewesen, müssten wir uns fragen: Gäbe es dann einige der größten Kunstwerke unserer Zeit?

Bringen Sie ihn zum Lachen

Carole Lombard

GEBORENE JANE ALICE PETERS (1908–1942)

KAMERADIN-VERFÜHRERIN

Während der goldenen Ära in Hollywood gab der Multimillionär Jock Whitney eine formelle Nachmittagsparty, bei der die Gäste gebeten wurden, ganz in Weiß zu erscheinen. »Diese Society-Snobs«, sagte Schauspielerin Carole Lombard. »Sie denken sich alle möglichen Verrücktheiten aus.« Aber Lombard war noch verrückter: Sie machte sich über die Formalität des Abends lustig, indem sie sich von einem Arzt einen weißen Krankenhauskittel lieh und sich selbst eine weiße Maske aufsetzte und mit weißen Mullbinden einbandagierte. Sie kam in einem Krankenwagen mit heulenden Sirenen auf die Party und wurde auf einer Trage von zwei Assistenzärzten hereingetragen. Die Gäste rannten herbei und fanden Lombard lauthals lachend vor. Der Gag weckte das Interesse von Clark Gable, der die Schauspielerin aus *No Man of Her Own* kannte, einem Film, bei dem sie beide vor einigen Jahren mitgespielt hatten. Innerhalb einer Woche war das Duo Hollywoods goldenes Paar – Brangelina, nur mit einem lärmenden Sinn für Humor.

Die wunderschöne, blonde und irrsinnig witzige Carole Lombard erfand quasi die »Screwball«-Komödie, die Antwort der Depression auf die Slapstick-Romanze. Der Film führte eine neue Art von Heldin ein – die intelligente, freche, wilde Dame, die um Männer herumsprang, die völlig ratlos waren. In ihren mehr als vierzig Filmen spielte Lombard alles – von einer geldgierigen Nagelpflegerin in *Liebe im Handumdrehen* und einer albernen Debütantin in *Mein Mann Godfrey* bis hin zu einer Leinwandkönigin in ihrem viel gerühmten Film *Napoleon vom Broadway*. Wie das Publikum feststellte, war Lombard im echten Leben nicht weit entfernt von der Frau im Film, die unbekümmert den Verkehr stoppt, um nach einem Vierteldollarstück zu suchen, das ihr auf die Straße gerollt war.

Jane Alice Peters wurde in Fort Wayne in Indiana geboren. Nach der Scheidung ihrer Eltern zog Lombards Mutter mit den Kindern nach Hollywood. Lombard wurde mit zwölf Jahren bei einem Softballspiel auf der Straße entdeckt und für ihren ersten Film engagiert: *A Perfect Crime*. Ihre Brüder brachten ihrer kleinen Schwester bei, wie ein Matrose zu fluchen, und Lombards beißende Kommentare wurden eines ihrer Markenzeichen. Mit sechzehn erhielt sie einen Vertrag bei den Fox-Studios, man ließ sie jedoch fallen, als ihr Gesicht durch einen Autounfall Narben davontrug. Ein paar Jahre später kämpfte sie sich zurück – als Screwball-Komödiantin.

Ich lebe nach dem Männerkodex, um in die Männerwelt zu passen, doch ich vergesse niemals, dass es die wichtigste Aufgabe einer Frau ist, die richtige Lippenstiftfarbe auszuwählen.

— Carole Lombard

»Das Publikum liebte Lombard, weil sie Lachen versprach und in dieser Hinsicht nie enttäuschte«, schrieb ein Biograf. Das Gleiche könnte man über ihre Filmpartner sagen. Sie brachte es nicht übers Herz, sie abblitzen zu lassen – außer offenbar, wenn es um den Produzenten Harry Cohn ging. »Hören Sie, Mr Cohn, ich habe zugestimmt, in Ihrem miesen kleinen Film mitzumachen«, sagte sie, »aber mit Ihnen in die Kiste zu steigen, gehört nicht zum Deal.« Er rückte seine Hose zurecht und bestand darauf, dass sie ihn mit seinem Vornamen anreden sollte. Lombard verwandelte ihre männliche Anhängerschaft – darunter George Raft, Gary Cooper und der Schriftsteller Robert Riskin – in »sexy Freundschaften«, obwohl diese niemals die Hoffnung aufgaben, dass vielleicht doch mehr daraus werden könnte.

»Wenn sie ans Set kommt, dann grüßen sie so viele Requisiteure, Mechaniker, Regieassistenten und Elektriker oben im Gebälk«, bemerkte das Life-Magazin, »dass es ein so großes Getöse gibt wie bei dem Wiedersehen zwischen Tarzan und seinen Affen.« Während der Dreharbeiten zu *From Heaven to Hell* zitterte Lombard mitten im Januar in einem Sommerkleid. »Also gut, ihr warmen, verdammten Bastarde«, witzelte sie, »ihr zieht euch jetzt alle bis auf die Unterhose aus!« Sie taten es.

Wenn die Lombard sich in einen Mann verliebte, dann richtig. Glücklich verwandelte sie sich in alles, was er von ihr wollte. »Ich war die beste verdammte Ehefrau, die man jemals gesehen hat«, meinte Lombard über ihre Ehe mit Schauspieler William Powell. Sie polierte ihr literarisches Wissen auf, hielt das Haus in Ordnung, kümmerte sich um seine Kleidung und war »eine sehr elegante Frau. Weil Philo (Powell) mich so wollte.« Powell wollte, dass sie ihre Karriere opferte, aber nach zwei Jahren gaben sie stattdessen ihre Ehe auf. Für Clark Gable stellte sie ihr ganzes Leben auf den Kopf.

»Lombard war eine Lektion für alle Frauen«, fand die Schauspielerin Esther Williams. »Sie mochte weder die Jagd noch das Angeln, aber sie begleitete ihn trotzdem«, im Safari-Outfit natürlich, das sie anfertigen ließ, um wie eine Modepuppe auszusehen. Sie übertraf Gable beim Sport. »Ich muss mich zurückhalten. Ich kann verdammt gut schießen, weißt du«, erzählte sie einem Freund. Ganz im Sinne der Kameradin-Verführerin ließ sie ihren Mann, den sie liebte, im Rampenlicht stehen. An ihrem ersten Valentinstag schickte Lombard Gable einen heruntergekommenen Ford Model-T mit lauter aufgemalten Herzen darauf. Das Geschenk verulkte Gables leidenschaftliches Interesse an alten Autos. Er holte sie darin zu einer Fahrt ins Blaue ab, und sie feierten die ganze Nacht. Der Rest ist romantische Geschichte. »Sie hatten Spaß miteinander«, sagte Williams, »sie waren Seelenverwandte, die das Leben köstlich fanden ...«

Nach einem langen Liebeswerben heirateten Gable und Lombard. Drei Jahre später krachte ihr Flugzeug in eine Bergwand, als sie von einer Reise in den Osten, wo sie Werbung für Kriegsanleihen gemacht hatte, nach Kalifornien zurückkehrte. Gable heiratete noch zweimal, aber er war nie wieder derselbe. Er liegt neben seinem Screwball-Mädchen beerdigt.

ERZÄHLEN SIE EINEN GUTEN WITZ

Sie müssen keine Komödiantin sein, um einen guten Witz zu erzählen. Ihr Vortrag darf nur nicht holprig sein, und natürlich macht Übung den Meister. Und wo Sie schon dabei sind, warum nehmen Sie nicht einen anzüglichen? Die Männer lieben solche Witze, aber sie erwarten nicht, dass eine Frau sie erzählt. Wenn sie es tut, dann hat es den erregenden Hauch des Verbotenen. Sie sind ein bisschen schockiert, aber auch angetörnt.

Caroles Lektion

Carole Lombards Lebensfreude und Lachen waren so ansteckend, dass sie Gable über den Raum hinweg erreichten. »Aus irgendeinem Grund hat es dem alten Clark gefallen«, sagte sie über ihren Auftritt bei Jock Whitneys weißer Nachmittagsparty. »Er fand das heiß«, obwohl sie selbst das nicht wirklich verstand. »Wir arbeiteten zusammen und drehten alle möglichen Liebesszenen und alles«, sagte sie über ihre Rolle neben Gable in *No Man of Her Own.* »Und ich habe ihm nie eine Regung entlockt.« Gable fühlte sich offenbar von der Komödiantin in ihr angezogen.

Lombards Humor basierte auf einer tiefgreifenden Respektlosigkeit – und dem

Bedürfnis, das Gespräch an sich zu reißen, wann immer es ihr möglich war. Sie konnte nicht widerstehen, sich über diejenigen lustig zu machen, die sich zu ernst nahmen. Sie lud zu einem römischen Bankett ein, als Freunde sich beschwerten, sie seien zu müde zum Sitzen. Ihre Klagen über ihre Gesundheit inspirierte sie zu einer »Krankenhausfeier« mit Cocktails, die in Reagenzgläsern serviert wurden. Als ein Film von Gable überall Erfolg hatte außer in China, ließ sie Flugblätter verteilen, auf denen stand: »Fünfzig Millionen Chinesen können sich nicht irren!« Sie zog Gable wegen seiner Sparsamkeit, seiner großen Ohren und der »größeren Popularität von Shirley Temple« auf. Lombards Screwball-Sicht half ihm, über die Welt zu lachen.

Wenn Sie umwerfend-mitreißend komisch sind, dann stehen die Chancen gut, dass Sie es bereits wissen. Und was den Humor angeht – den hat man entweder, oder man hat ihn nicht. Nichts außer einer Gehirntransplantation kann etwas daran ändern. Aber Sie können einen Sinn für Humor *entwickeln* durch die Art, wie Sie ihre Umgebung sehen. Wie die Lombard können Sie damit anfangen, die Welt als einen lustigeren Ort zu betrachten. Suchen Sie nach allem, was vom Alltag abweicht, was bunt ist oder zum Brüllen komisch. Dann fragen Sie sich, was Sie zu dieser Mischung beitragen können, um das Alltägliche witziger zu machen. Sie haben gerade ihren letzten Cent in einen Gulli fallen lassen? Sehen Sie das Lustige an Ihrer Zwangslage und machen Sie eine witzige Geschichte daraus. Versuchen Sie, sich einen Spaß zu machen – sagen wir, indem sie auf einer Gartenparty als »Kracher« gehen. Wenn Sie erst mal raushaben, wie es funktioniert, dann werden Sie bald die Screwball-Perspektive übernehmen.

Lachen Sie oft und gern. Sie werden überrascht sein, wie oft ein herzhaftes Lachen mit Witz gleichgesetzt wird. Wenn Sie sich wie eine Hyäne anhören, versuchen Sie, es wie ein Kichern klingen zu lassen. Wenn Sie nicht Tag für Tag lustiger werden, dann ist es zumindest schöner, mit Ihnen zusammen zu sein. Es machte Carole Lombard einfach unwiderstehlich. Die Verführerin, die das Leben in vollen Zügen genießt, ist immer sehr beliebt.

Seien Sie eine gute Unterhalterin

Veronica Franco (1546–1591)

KAMERADIN-VERFÜHRERIN

Als der dreiundzwanzigjährige König von Frankreich im Sommer 1574 durch Venedig kam, putzte sich die Stadt unter Hochdruck heraus, um ihn zu beeindrucken. Er wurde auf einem Schiff befördert, das vierhundert Ruderer bewegten. Er kam unter einem Bogen vorbei, den Palladio gebaut und der von den Künstlern Veronese und Tizian mit Schnörkeln verziert wurde. Die Spektakel boten ein Meermonster, das Feuer (gespeist aus einem Ofen) spuckte, Festbankette mit tausendzweihundert auf Silbertabletten servierten Speisen, Theaterstücken, Musikpräsentationen und tanzende Mädchen. Aber das war erst der Anfang des Werbens um Henri III. Ihm wurde ein *Katalog der führenden und gefeiertsten Kurtisanen von Venedig* vorgelegt – ein Reiseführer für unerlaubten Sex –, und er studierte Dutzende von kleinen Porträts sorgfältig. Er wählte Veronica Franco, einen Schatz der Stadt, und wurde in einer Gondel eilig zu ihr gebracht. Er verbrachte den Abend mit Veronica, diskutierte mit ihr über Literatur, schlief mit ihr und kehrte bei Tagesanbruch mit ihrem Porträt und Sonetten zurück, die ihn mit Zeus verglichen.

Am Ende des sechzehnten Jahrhunderts war Venedig eine Stadt mit hunderttausend Einwohnern, von denen an die zwölftausend als Prostituierte arbeiteten. Sie räkelten sich in Gondeln und zeigten ihre vollen Brüste auf Balkonen und an Fenstern. Als eine Art nicht jugendfreier Vergnügungspark war das Venedig der Renaissance eine Touristenattraktion, vor allem dank der Freuden, die jene schamlosen Frauen versprachen. Der Unterschied zwischen einer Prostituierten und einer Kurtisane konnte an der Qualität ihrer Gesellschaft gemessen werden. Anders als adlige Frauen waren Kurtisanen gebildet und stolz auf ihre Eloquenz. Ihre Freier aus höchsten Kreisen suchten Zuflucht im Gespräch, das über die Variablen des Wetters hinausging.

Veronica Franco war eine legendäre Schönheit – ihre geschwungenen Augenbrauen und vollen Lippen wurden von Tintoretto in lebhaften Farben eingefangen. Angesichts der breiten Konkurrenz müssen ihre sexuellen Fähigkeiten tadellos gewesen sein. Aber Veronica unterschied sich auch dadurch, dass sie eine »ehrliche Kurtisane« war – eine, die ihren Ruf außerhalb des Schlafzimmers erwarb. Unter der Gönnerschaft von Domenico Venier, dem venezianischen Literaturpapst, veröffentlichte Veronica ihre Gedichte und wurde Teil seines erlesenen Kreises von Schriftstellern und Denkern. Als Venedig den König von Frankreich als politischen Verbündeten gewinnen wollte, war Veronica ein wichtiger Teil der Kampagne des Dogen – eine Frau, die einen Mann auf so vielen Ebenen zu bezaubern wusste, dass er in jede beliebige Richtung manipuliert werden konnte. In der Hollywood-Filmversion *Dangerous Beauty – Die Kurtisane von Venedig* wurde bei Henris Besuchen bei Veronica ein Flottenvertrag besiegelt. Die Wahrheit ist ein bisschen skizzenhafter. Aber sagen wir einfach, dass die Zeit, die Henri mit Veronica verbrachte, der Serenissima auf keinen Fall geschadet hat.

»Eloquenz führt bei einer Frau zu sexueller Freizügigkeit«, ist ein Satz aus Dangerous Beauty. Gespräche wurden im Venedig des sechzehnten Jahrhunderts als derart potenziell verführerisch betrachtet, dass man adlige Damen wirksam zum Schweigen brachte, indem ihre Ehemänner sie hinter vergoldeten Türen einsperrten. Reden erregt Aufmerksamkeit, lautete eine der Weisheiten. Eine Dame, die auffällt, riskiert es, einen Fehler zu machen, und kompromittiert ihren blütenweißen Ruf – oder Schlimmeres. Wie Veronica Francos Filmmutter erklärt: »Verlangen beginnt im Kopf.« Wenn Sie weitere Beweise brauchen: Eine venezianische

Kurtisane berechnete einen Preis für das »Gesamtpaket« und einen separat nur für das Vergnügen, mit ihr zu sprechen.

»In der Art der japanischen Geisha«, schrieb Veronica Francos Biograf, wurde von der Kurtisane erwartet, dass sie eine »gebildete und gewandte Gesprächspartnerin und eine gute Unterhalterin für Männer« war – eine geschickte Kameradin-Verführerin. In ihren Händen wurde das Gespräch zu einem willigen Akt der erhöhten Wahrnehmung der Interessen und Stimmungen ihres Partners. Ihr Ziel war es, ihn von den Sorgen und Nöten seines Alltags abzulenken und in ein Reich der Freuden zu entführen. »Man muss wappnen das Ohr gegen die lockende Verzauberung ihrer überzeugend' Rede«, warnte ein Venedig-Reisender. Mehr als vierhundert Jahre später lebt der Name Veronica Franco dank der verführerischen Kraft ihrer Worte weiter.

In guten Zeiten protzte Venedig mit seinen Kurtisanen, dem ultimativen Luxusartikel. In schlechten dienten diese Frauen als willkommene Prügelknaben. Veronica wurde von der Inquisition der »Zauberei« beschuldigt, nachdem die Pest die Bevölkerung der Stadt Mitte der siebziger Jahre des sechzehnten Jahrhunderts dramatisch dezimiert hatte. Sie verteidigte sich erfolgreich durch geschickte Rhetorik. Traurigerweise starb die »anerkannte Unterhaltungskurtisane« der Stadt sehr jung am Fieber, aber Beweise ihrer Eloquenz sind in ihren Veröffentlichungen erhalten.

Veronicas Lektion

»Das Ideal der Konversation, bei dem sich Leichtigkeit mit Tiefe, Eleganz mit Freude verbindet auf der Suche nach der Wahrheit und mit einem toleranten Respekt für die Meinung des anderen, hat niemals an Reiz verloren«, schreibt Benedetta Craveri in The Age of Conversation. Ich kann ihr nur zustimmen, aber ist das heutzutage nicht schwer zu erreichen? Sicher waren Sie schon zu Gast auf einer

Dinnerparty, wo alle auf einmal redeten. Oder bei einer Verabredung, die sich wie eine Konferenz anfühlte? Und wie steht es mit einem Treffen, wo einige vor dem Fernseher oder dem Internet sitzen – oder, schlimmer noch, am Handy hängen? Was ist nur aus der entspannten Unterhaltung geworden, diesem Geben und Nehmen, wo Leute redeten, ohne befürchten zu müssen, unterbrochen zu werden? »Das Gegenteil von Reden ist nicht Zuhören«, sagt die Schriftstellerin Fran Lebowitz, »sondern das Warten auf die Erwiderung.« Machen Sie sich bereit, eine Verführerin zu werden, die das Gespräch als sinnliches Lockmittel wieder einführt.

HALTEN SIE INNE, SEHEN SIE HIN UND HÖREN SIE ZU

»Wenn man interessiert ist, macht einen das normalerweise interessant«, sagt Barbara Walters, die eine dreiteilige Methode empfiehlt:

✦ INNEHALTEN: *Machen Sie Ihre Hausaufgaben; verinnerlichen Sie so viel wie möglich von der Situation.*

✦ HINSEHEN: *Schenken Sie der Person, mit der Sie zusammen sind, Ihre ungeteilte Aufmerksamkeit. Die charmantesten Leute, die ich kenne, geben mir das Gefühl, dass sie den ganzen Tag darauf gewartet haben, mit mir allein zu sprechen.*

✦ ZUHÖREN: *Tun Sie nicht nur so, als hörten Sie zu – hören Sie wirklich zu.*

Was macht einen zu einer verführerischen Gesprächspartnerin? Es wäre schön, wenn wir Veronica Franco um Rat fragen könnten. *The Age of Conversation* – das diese Kunst auf seinem Höhepunkt im siebzehnten Jahrhundert in Frankreich darstellt – nennt Neugier als Schlüssel. Als Mädchen saugte Veronica die Brotkrumen des Wissens auf, die ihre Brüder und ihre Lehrer übrigließen. Diese eifrige Neugier, einer Frau verboten, brachte sie dazu, heimlich Bücher zu verschlingen, was bedeutete, dass sie besser darauf vorbereitet war, sich in der Männerwelt zurechtzufinden. Doch zeigte man im Gespräch »nicht sein Wissen ... vermied Zitate, Beispiele und Sprichwörter«. In den richtigen Händen war es ein Höhepunkt des Kontaktes, eine Art außergewöhnliches Vorspiel. Es »strahlte etwas Beruhigendes aus, das einen vergessen ließ«, schuf eine Atmosphäre der »Entspannung, Unterhaltung und Weisung«. Das beste Gespräch wurde so geführt, dass nicht ein einzelner Langweiler alles an sich riss, sondern dass jeder Teilnehmer an die Reihe kam. Das Geheimnis einer guten Gesprächspartnerin war dies: Sie interessierte sich für das, was andere zu sagen hatten.

Nichts ist so verführerisch wie jemand, der »endlos fasziniert von Menschen ist«, bestätigt Barbara Walters, selbst eine Gesprächs-Verführerin. Reich, arm, alt, jung – sie »will wissen, wie sie leben, was sie essen, was ihre sexuellen Vorlieben sind«. Können Sie einer Person widerstehen, die ein echtes Interesse daran hat, mehr über Sie zu erfahren? Vor Jahrhunderten war die talentierte Gesprächspartnerin in den berühmten Salons von Verführerinnen wie Madame de Staël oder der Marquise de Rambouillet stolz darauf, ein intuitives Gespür für die Person zu haben, mit der sie sprach. Sie ging sogar noch weiter und benutzte eine sokratische Form der Befragung, die die herausragenden Fähigkeiten ihres Gesprächspartners zum Vorschein bringen sollte. Im einundzwanzigsten Jahrhundert ist es das, was Madame Walters »Machen Sie Ihre Hausaufgaben« nennen würde. Versuchen Sie, alles über den Mann zu erfahren, mit dem Sie sprechen!

Gleichzeitig nennt Walters Wärme als die einnehmendste Eigenschaft, gefolgt nur von Humor – vor allem auf eigene Kosten –, um wirklich sexy zu wirken. Sie warnt jedoch: Machen Sie nicht den Fehler der Jugendlichen und versuchen Sie einen Mann zu beeindrucken, indem Sie ihn beleidigen. Und schließlich, ganz wichtig, ist da noch das Zuhören. Im Zeitalter des Gesprächs war das Talent des Zuhörens geschätzter als das Talent des Redens.

SPRECHEN SIE IHN MIT SEINEM NAMEN AN

Es ist eine so kleine und schmeichelnde Technik, aber wenige scheinen willens, sich die Mühe zu machen. Merken Sie sich Namen und benutzen Sie diese. »Ich hatte so gehofft, Sie heute Abend zu treffen, Lionel! (erfreute Pause) Dann habe ich Gelegenheit zu erfahren, wie es Ihnen in letzter Zeit ergangen ist.« Es zeigt, dass Sie ganz auf ihn konzentriert sind. »Seinen Namen zu nennen, ist wie eine Berührung, aber sicherer«, sagt meine Freundin Samantha. Achten Sie darauf, es nicht zu übertreiben, sonst vermutet er, Sie besitzen Sumpfland in Florida, das Sie loswerden wollen.

Seien Sie keine Verführerin, die nur über die entzückenden Streiche ihres Hundes spricht oder über das Essen, das ihre neue Diät erlaubt. Seien Sie eine Frau von Welt, die Verführerin, die über alles sprechen kann. Reden Sie ausführlich über Themen, aber prügeln Sie sie nicht durch. Und versuchen Sie niemals, die Aufmerksamkeit darauf zu lenken, wie klug und versiert Sie sind. Das verführerische Gespräch ist die Kunst, den anderen ins rechte Licht zu rücken, und kein Vorsprechen für eine Castingshow. Wenn Sie etwas über ihn herausfinden wollen, fragen Sie nicht nach der Gewinnspanne seines Unternehmens. Walters schlägt vor, den Fragen einen intimeren Dreh zu geben: »Können Sie den Moment beschreiben, indem Sie realisierten, dass Sie gut in dem sind, was Sie tun?« Außer Sex gibt es keine intimere Art der Verbindung.

Die Verführerin, die widerspricht, tut es mit Humor und Bescheidenheit. Sie respektiert stets seine Meinung, selbst wenn er Republikaner ist und sie nicht. Wenn Sie in einer Unterhaltung nicht mehr weiterkommen, machen Sie es wie Barbara Walters – sehen Sie aufnahmebereit aus, indem sie das »strahlendste, liebevollste Ich« hervorholen. Suchen Sie Augenkontakt, schenken Sie ihm Ihre ungeteilte Aufmerksamkeit und lachen Sie über seine Witze. Zeigen Sie Interesse an allem, was ihn bewegt. Schlechte Laune ist übrigens ein schlechter Gesellschafter. Beklagen Sie sich, wenn Sie allein sind.

Lernen Sie kochen

Nigella Lawson
(*1960)

SEXBOMBE-/MUTTER-VERFÜHRERIN

Mit einem aufreizenden Blick führt einen Nigella Lawson in ihre Küche. Wie die Köchin selbst ist sie üppig ausgestattet und voller köstlicher Überraschungen – »lecker«, wie sie oft gefühlvoll sagt. In Nigellas Feast, ihrer Kochshow, zaubert sie ein Essen mit einer Hingabe, die an Wagemut grenzt. Danach klingt ihre Sichtweise des Essens in einem nach wie der erste Kuss. Wer hätte gedacht, dass Essen so sexy sein kann, bis Nigella – in einem Kleid, das man sittsam hätte nennen können, wenn es nicht so eng gewesen wäre – es damit versuchte? Sie leckt den Zuckerguss vom Löffel mit etwas mehr Zunge, als anständig erscheint, und stöhnt, wenn sie in Kontakt mit glasiertem Lamm kommt. Und wer könnte je die interessante Art vergessen, wie Nigella testet, ob die Linguini gut sind – indem sie die Nudel im Stil römischer Orgien über ihre nach oben gehobenen Lippen hält. »Ich nenne es Gastroporno«, sagt sie. »Essen existiert im Reich der Sinne ... ich möchte meine Zuschauer und Leser auf eine intime Art erreichen.«

Vor Nigella war es üblich, unsere innere Hausfrauen-Göttin zu meiden. Kochen ohne eine superteure Kücheneinrichtung und exotische Zutaten war Hausarbeit. Das Herz eines Mannes konnte nur gewonnen werden, in dem man sich dünn hungerte und ständig ins Fitnessstudio lief, so erzählten es uns die Post-Feministinnen. »Es ist unmöglich, die Lust am Essen zu vermitteln, die echten erotischen Freuden, die Essen bereiten kann«, schreibt Nigella in *How to Eat*, ihrem ersten Kochbuch, »wenn wir diese Freuden nicht selbst genießen.« Vergessen Sie das Fitnessstudio, vergessen Sie komplizierte, perfekt zubereitete Speisen, sagt Nigella. Bringen Sie Einfaches direkt aus der Küche auf den Tisch.

Passenderweise ist Lawson hinreißend schön – mit langen, dunklen Locken, strahlenden Augen und Pfirsichhaut. Ihre üppigen Formen beweisen das, was sie predigt, was sie praktiziert. Sie wurde in England mit einem goldenen Rührbesen zwischen diesen rubinroten Lippen geboren. Ihr Vater war Margaret Thatchers Schatzkanzler und ihre Mutter eine glamouröse Salonlöwin. Mit neunundzwanzig heiratete Nigella John Diamond, der ebenfalls als Kolumnist für die *Sunday Times* arbeitete, aber ihr glückliches Leben fand ein jähes Ende. Diamond starb an Krebs, vorher ermutigte er Nigella noch, ein Kochbuch für Frauen zu schreiben, die angstvoll und voller Abscheu die Küche betreten. Ihre sinnliche Stimme begann aus Bestsellern wie *How to Eat, Leckerbissen und Festessen* zu sprechen. Sie ist jetzt mit dem Kunsthändler Charles Saatchi verheiratet, der sie anfleht, ihre zusätzlichen Pfunde bitte nicht zu verlieren.

»Beim Kochen geht es nicht nur darum, Hitze, Prozedur und Methode anzuwenden«, schreibt Lawson, »sondern um eine Verwandlung intimerer Art.« Um es mit den Worten von *Newsweek* zu sagen: Ist das *Freude am Sex* oder *Freude am Kochen*, über die wir hier sprechen? Sie beschreibt das Kleinschneiden von Gemüse als Vorspiel – als eine Möglichkeit, sich »lockerzumachen«, bevor man etwas zubereitet, »das Leute verführen kann«. Es gelingt ihr, Worte wie »Masturbation« und »zerrissenes Jungfernhäutchen« in Kochbuchtexte einfließen zu lassen, so dass es nicht nur selbstverständlich, sondern sogar angemessen klingt. Mit jedem Sahnehäubchen eine Sexbombe, hat Nigella ganz viele Teelöffel der Besorgnis einer Mutter-Verführerin hinzugefügt. Man hat keine Schwierigkeiten sich vorzustellen, wie sie einem Fieberkranken Hühnersuppe einflößt. Was Nigella wieder zum Leben erwecken möchte, ist einfache Hausmannskost, die Art, die Ihnen Ihre Mutter sicher zubereitet hätte, wenn sie denn gekocht haben würde.

166 DAS GEWISSE ETWAS

Noël Coward schrieb, es sei merkwürdig, wie mächtig billige Musik sein kann; das Gleiche gilt – auf einer anderen Ebene – für die Küche.

— *Nigella Lawson*

»Für ein Baby sind Essen und Intimität untrennbar miteinander verbunden«, schreibt Nigella, »und diese Verbindung vergessen wir nie ganz.« Nimmt man das Zitronenhähnchen mit Kartoffelbrei beiseite, dann bietet sie in Essen verpackte Wahrheiten: Wenn der Weg zum Herzen eines Mannes durch seinen Magen führt, dann liegt es daran, dass er sich so nach dem Mutterleib sehnt. So sicher, wie er die Mutter liebt, die ihn fütterte, wird er sich in die Verführerin verlieben, die kocht. »Einer attraktiven Frau, die das Essen liebt und den Weg ins Herz eines Mannes kennt, kann man schwer widerstehen«, bemerkt *AskMen.com* über Nigella. Es wird Zeit, unser Verhältnis zur Hausmannskost neu zu überdenken.

Nigellas Lektion

In den Fünfziger Jahren riet Betty Crocker, dass man Kochen von Grund auf lernen müsse, sonst wäre die Ehe ernsthaft gefährdet. Weil sie es leid waren, Sklavinnen der Küche zu sein, löschten Frauen ihre Positionslichter. Dann kam das Gourmetkochen – genauso nervenaufreibend wie die Vorbereitung auf das Juraexamen. »Eines der größten Hindernisse, das Kochen zu genießen, ist dieser angespannte Wunsch, andere zu beeindrucken«, schreibt Nigella in *How to Eat*. Wer braucht schon den Druck, ein Picasso mit einem Marinierpinsel zu sein? Nichts ist so abstoßend wie eine Gastgeberin, die ihre Gäste kurz vor dem Nervenzusammenbruch an der Tür begrüßt. »Denken Sie daran, dass hier nicht Ihr Wert oder Ihre Akzeptanz getestet wird. Es ist nur ein Abendessen«, sagt sie. Dennoch kann »nur ein Abendessen« ein mächtiges Aphrodisiakum sein.

MISCHEN SIE EINE EXTRAZUTAT HINEIN

Das indische Spargelgericht Shodavari – übersetzt »einhundert Ehen« – steigert angeblich die Sexualhormone der Frau. Aber bevor Sie anfangen, die Delikatessenläden abzusuchen, denken Sie daran, dass Kleopatra auf Feigen schwor und dass Napoleon sehr häufig Trüffel verzehrte. Die Liste mit aphrodisierend wirkenden Lebensmittel enthält alles von Ginseng bis Yohimbe, Rosenblättern, Chilischoten, Hering, Honig, Granatapfel, Garnelen, Hummer, Austern, Neunaugen, Walmüssen, dem Nektar von wilden Orchideen, Datteln, Kardamon, Koriander, Kreuzkümmel, Ingwer, Safran, Nelke, Zimt, Knoblauch, Schokolade und Meerrettich.

Laut *USA Today* glauben immer noch fünfundvierzig Prozent der Amerikaner, dass die Liebe eines Mannes durch den Magen geht, und mehr als fünfundzwanzig Prozent berichten, dass sie Hausmannskost erfolgreich bei romantischen Eroberungen eingesetzt haben. Ich sehe immer noch das Bild vor mir, wie mein Vater meiner Mutter in einer überschwänglichen Dankesgeste für ihr überirdisches *Steak au poivre* die Hand küsste – was übrigens wenig mehr als ein Steak mit Pfeffer ist, das in der Pfanne flambiert wird. Er machte natürlich nur Spaß, aber nicht ganz. Eine Freundin von mir behauptete, sie könne mit ihren Rezepten Heiratsanträge auslösen. Ich spottete – lauthals. Sie lachte zuletzt, denn sie schnappte mir einen meiner Verehrer vor der Nase weg und heiratete ihn. Zu spät, nehme ich an, um nach den Zutaten zu fragen?

Mehr als jemals zuvor ist das Kochen die Geheimwaffe der Verführerin. Weil Kochen keine Alltäglichkeit mehr ist, wird es idealisiert – eine Frau, die eine Frikadelle braten kann, ist in seinen Augen eine Heldin. Es ist so viel einfacher, als man uns glauben macht. »Männer lieben einfaches Essen«, sagt Nigella. »Keine komplizierten Saucen oder aufwändige Restaurantgerichte, sondern gutes Essen, einfach gekocht, aber lecker.« Leckeres Essen macht einen Mann glücklich. Es kann seinen Ärger verschwinden lassen und ihn zufrieden machen.

»Versuchen Sie, seine Vorstellung vom idealen Essen umzusetzen, egal wie einfach oder unspektakulär das sein mag«, sagt Nigella. Aber das bedeutet nicht, dass Sie etwas kochen sollen, was Sie hassen. Eine Mahlzeit, die nicht beide genießen können, nützt nichts. Üben Sie, bis Sie über ein begrenztes Repertoire verfügen – ein einfaches gebratenes Hähnchen, einen Lammbraten, geschmorte Schweinefilets. Wenn Sie immer etwas Neues oder Exotisches kochen, dann werden Sie niemals die Grundlagen beherrschen, die Sie brauchen, um Ihre Fähigkeiten zu verbessern. Sehen Sie einen Braten nicht einfach als ein Stück Fleisch. Bauen Sie eine Beziehung zu Ihrem Gericht auf und machen Sie es zu Ihrem eigenen.

»Bemalen Sie die Leinwand«, etwas, das Nigella »erstaunlich entspannend« findet Blumen auf dem Tisch, die Töpfe auf dem Herd und Sie als Verführerin mittendrin. Lassen Sie sich in das Chaos fallen, sagt sie. »Lernen Sie mit Flecken und Verschüttetem zu leben.« Wenn Nigella ein Ei aufschlägt, dann sieht es aus, als versuche Sie, es über sich auszugießen. Das bedeutet nicht, dass Sie bei Tisch aussehen sollten, als bräuchten Sie dringend ein Lätzchen. Kochen sollte »entspannt, ausgiebig und authentisch sein – es sollte Ihre Persönlichkeit widerspiegeln«, nicht Ihren Fünfjahresplan. Kochen Sie reichlich. Besser, Sie packen die Reste ein, als knausrig zu wirken. Loben Sie wie Nigella das unglaublich gute Aussehen Ihrer Zutaten. Es ist nichts falsch daran, mit Essen zu flirten.

Mit der Zeit kann jeder einige Rezepte beherrschen und sie auf den Tisch bringen, ohne einen Nervenzusammenbruch zu erleiden. Was Sie von den anderen unterscheidet, ist Ihre Einstellung. Um Nigella zu zitieren: »Essen ist nicht nur Liebe, Essen schließt alles ein.«

Seien Sie eine Muse

Alma Mahler Gropius Werfel

GEBORENE SCHINDLER (1879–1964)

SEXBOMBE-/GÖTTIN-VERFÜHRERIN

»Wenn du nicht bald meine Frau wirst, dann wird mein großes Talent elend versiegen«, schrieb der Künstler Oskar Kokoschka 1914. »Wir suchen einander, wir wollen einander, müssen einander haben, damit sich das Schicksal erfüllen kann.« Alma ließ sich Zeit mit ihrem Urteilsspruch. »Ich werde dich heiraten, wenn du ein Meisterwerk geschaffen hast!« Kokoschka bot ihr ein Bild von einem Paar an, das in einem kleinen Boot auf dem tobenden Meer treibt. Eine Frau, Alma, schläft an der Schulter ihres Geliebten, Kokoschka, der aussieht, als sorge ihn auch noch etwas anderes als seine merkwürdige und nasse Zwangslage. *Der Sturm* oder *Windsbraut*, ein anerkanntes Meisterwerk, hängt heute im Baseler Kunstmuseum.

Alma Schindler war »unwiderstehlich für und fühlte sich unwiderstehlich angezogen von künstlerisch begabten Männern«. Oder, wie sie in ihren Memoiren schrieb: »Gott schenkte mir das Privileg, ein brillantes zeitgenössisches Kunstwerk zu erkennen, bevor der Künstler es aus den Händen gab.« Ihr romantisches Dilemma war nie: »Wen liebe ich?«, sondern: »Wer wird eher ein großes Kunstwerk erschaffen?« Als sie den vierzigjährigen Gustav Mahler zum Ehemann wählte, überkamen Alma noch einmal Zweifel an der Richtigkeit ihrer Entscheidung. »Was, wenn Alex berühmt wird?« fragte sie sich hinsichtlich Mahlers Rivalen um ihre Liebe. »Wird es dir möglich sein, von jetzt an meine Musik als deine zu betrachten?« schrieb Mahler der neunzehnjährigen Alma. Das entschied die Sache.

Wenn ein talentierter männlicher Künstler eine Muse umarmt, dann lässt er in seiner Kunst eine Frau erscheinen ... Es ist nicht der Mann, der durch die Frau spricht; es ist die Frau, die durch den Mann spricht.

— Arlene Croce

Als Tochter eines Landschaftsmalers wurde Alma Schindler schon früh in die Wiener Gesellschaft der sezessionistischen Künstler eingeführt. Sie war fasziniert von Talent; ihre erste Romanze hatte sie mit dem Maler Gustav Klimt, einem älteren Frauenhelden. In ihrer Familie wäre eine Ehe mit einem »wertlosen reichen« Mann eine Katastrophe gewesen. Alma war hin und her gerissen: Sollte sie dem eigenen Ruf nach Berühmtheit folgen oder die Muse eines berühmten Künstlers werden? In kreativen Schüben komponierte sie Lieder. Doch die romantische Aufmerksamkeit berühmter Männer stellte sich als so befriedigend heraus, dass sie stattdessen begann, Genies zu sammeln wie Wintermäntel. Nach Mahlers Tod heiratete sie den Bauhaus-Architekten Walter Gropius, ließ sich dann von ihm scheiden, um den Schriftsteller Franz Werfel zu ehelichen. Sie inspirierte genug Kunstwerke, um damit eine Galerie zu füllen.

Künstler gibt es genug, aber eine talentierte Muse ist so rar wie der Auftritt einer Berühmtheit in Wichita. Hätte Mahler seine sechste oder achte Sinfonie geschrieben ohne seine Muse, die ihn antrieb? Nähme man ihm »das Licht meines Lebens«, behauptete er, dann wäre er »erloschen wie eine Kerze ohne Luft«. Werfel lobte Almas »sibyllischen Blickwinkel«. Sie war es, die den stets faulen Poeten ansporte, seinen Roman *Die vierzig Tage des Musa Dagh* zu schreiben, seinen ersten bedeutenden Erfolg. Sie versetzte ihre Männer auf eine höhere Stufe der Kreativität.

Von den großen Verführerinnen des Jahrhunderts können nur wenige Alma Mahler das Wasser reichen, und nichts konnte ihre Überzeugung erschüttern, der Mittelpunkt des Universums zu sein. Alma machte sich niemals Sorgen darüber, dass *die Männer* sie nicht mehr lieben könnten; sie setzte völlig zu Recht voraus, dass sie diejenige sein würde, die ging. Es gab kaum einen Künstler, der ihr nicht innerhalb einer Woche einen Heiratsantrag machte oder der nicht Qualen litt, nachdem sie ihn verlassen hatte. »Du musst mich des Nachts wiederbeleben«, verlangte Kokoschka, »wie ein Zaubertrank.« Sex war das belebende Taufbecken für ihre Kreativität, und ihr Urteil das letzte Wort.

ZEIGEN SIE IHRE FÄHIGKEITEN

Niemals bescheiden hinsichtlich ihres Anteils daran, stellte Alma ihre Trophäen aus. In einer Glasvitrine in ihrem Wohnzimmer lag Gustav Mahlers zehnte Sinfonie, aufgeschlagen auf der Seite, auf die der Komponist eine Nachricht für sie geschrieben hatte. Kokoschkas gefeiertes Bild von Alma als Lucrezia Borgia hing an der Wand. Denken Sie daran, dass Bescheidenheit für eine Muse keine Tugend ist; das sorgt nur dafür, dass Ihr Einfluss übersehen wird. Betrachten Sie sein Werk als Ihres. Wo wäre er schließlich ohne Ihre Inspiration?

»Ich habe Mahlers Musik nie wirklich gemocht. Ich war nie daran interessiert, was Werfel schrieb«, resümierte Alma. Gropius' Architektur ließ sie ebenfalls kalt. Die Göttin hob sie routiniert in den Himmel, nur um sie dann wieder von ihrem Sockel zu stoßen. »Aber Kokoschka, ja, Kokoschka hat mich immer beeindruckt.«

Ironisch, oder nicht? Stets in Schwarz gekleidet machte es Alma, als sie in New York lebte, zu ihrer Profession, Mahlers Witwe zu sein. Sie ordnete seinen Nachlass, schrieb ihre Memoiren und beschwerte sich über das beklagenswerte Fehlen von Material, das eine Muse interessieren könnte. »Es gibt so wenige ... Leonard Bernstein. Thornton Wilder. Es ist nicht mehr so wie früher.«

Almas Lektion

Ist eine talentierte Muse ein Produkt der Natur, der Erziehung oder der Willenskraft? Und muss sie nicht schön sein? Das hängt von der Art von Muse ab, die Sie sein wollen: eine kreative Partnerin oder eine, die effektvoll posiert. Der anderen vielbeschäftigten Muse des zwanzigsten Jahrhunderts – Lou Andreas-Salomé – fraßen Rilke, Nietzsche und Freud aus der Hand, weil sie ein so tiefes Verständnis für ihre Werke aufbrachte, obwohl es heißt, dass ihre Nase so dick wie ein Baum war. Almas »hübsches Gesicht ließ einen erwarten, dass sie dumme, oberflächliche Dinge sagen würde«, schrieb ein Biograf, »doch nichts dergleichen kam ihr je über die Lippen.« Sie verschlang Nietzsche wie Süßigkeiten und konnte über Kunst, Literatur und Theologie diskutieren. Zum Spaß spielte sie ganze Wagner-Opern auf dem Klavier. Ihre Mama hatte kein Dummchen großgezogen, und das erregte die Männer.

»Ihre Wahrnehmung ist scharf und klar«, schrieb Werfel. »Ich glaube ihrem Urteil, Lob oder Tadel, vor allem dem Tadel.« Mahlers Sinfonien gingen erst durch Almas Hände, bevor sie einem Orchester vorgelegt wurden. Aber niemand schätzte ihre Meinung mehr als sie selbst. Wenn sie einen Mann traf, den sie für außergewöhnlich hielt, dann »überhöhte sie seine Fähigkeiten«. Zusammen nahmen sie tiefe Züge aus ihrem kreativen Brunnen. »Alles an ihm ist mir heilig. Ich möchte niederknien und seine Lenden küssen – alles küssen, alles«, schrieb sie. Ich muss Ihnen nicht sagen, was hier vorgeht. »Jedes meiner Treffen mit Alma«, behauptete

174   DAS GEWISSE ETWAS

Mahler, »gibt mir neue Energie für meine Arbeit.« Sex und Kunst, Kunst und Sex? Hier sehen Sie, wie man die beiden miteinander verwechseln kann.

ÜBEN SIE DEN UNERSCHROCKENEN BLICK

Lady Caroline Blackwood – die »gefährliche Muse« der Sechziger Jahre – betete ebenfalls Talente an, trank vom »Sexbrunnen« und war sehr schwer zufriedenzustellen. Ihr Markenzeichen? Ein unerschrockener Blick, gepaart mit unheimlichem Schweigen. Von Künstlern wurde dieser als Urteil interpretiert – und selten als lobendes. Lady Caroline war nacheinander mit dem Künstler Lucian Freud, dem Komponisten Israel Citkowitz und dem mit dem Pulitzer-Preis geehrten Poeten Robert Lowell verheiratet, die ihr alle ihre besten Arbeiten widmeten.

Liegt da ein halb fertiger Roman in ihrer Unterwäscheschublade? Rennen Leute mit Schwämmen zu Ihren Gemälden, weil sie glauben, Ihnen wäre etwas ausgelaufen? Verzweifeln Sie nicht. Ein Kritiker sagte einmal über Alma: »Ich kann Ihnen versichern, dass wir niemals von ihr gehört hätten«, wenn ihr Ruf allein von ihren Liedern abhängig gewesen wäre. Vielleicht haben Sie Kunst immer für eine heilige Sprache und Künstler für etwas Anbetungswürdiges gehalten? Dann sollten Sie lieber all diese kreative Energie darauf verwenden, eine Muse zu sein. Alma glaubte so fest daran, ein Meisterwerk inspirieren zu können, dass Künstler es selbst glaubten. Und in der Welt der Verführerinnen lässt der Glaube etwas Wirklichkeit werden.

Wenn Sie nichts Kluges von sich geben können, dann halten Sie besser den Mund und sagen gar nichts. Alma war unschlagbar darin, andere herabzusetzen und ihnen dadurch deutlich zu machen, mit was für einer herausragenden Persönlichkeit sie es zu tun hatten. Als Mahler ihr seine Lieder zur Ansicht schickte, schlug sie ihm vor, eine exzellente Abhandlung über die Stille von Maurice Maeterlinck zu lesen. Eine Warnung: Ohne großartigen Sex werden Sie keine Muse. Dann sind Sie nichts weiter als seine schlimmste Kritikerin.

Er »ließ mich seine Männlichkeit spüren – seine Kraft – und es war ein pures, heiliges Gefühl«, schrieb Alma in ihren Tagebüchern. Sie sehnte sich danach, genommen, überwältigt und besessen zu werden, und sie sagte es klar und deutlich. Alma strahlte Sex aus; sie lebte ihre Sinnlichkeit. Sie war eben erst neunzehn, und es war das Ende der Viktorianischen Ära. Damals und heute hängt die Macht einer Muse von ihrer freizügigen Sexualität ab, die Alma auch gerne vorenthielt, wenn es nötig war. Werfel und Kokoschka wurden verbannt, bis sie etwas vorzuweisen hatten, und das Resultat war ihre opulente Kreativität. »Es gibt nur eine Person auf Erden, die mir Erfüllung bringt und einen Künstler aus mir macht«, schrieb Werfel an Alma. »Diese Person bist du.«

Eine Muse, die ihre Leonardos verwechselt (DiCaprio, da Vinci), ist keine Muse, sondern eher ein Groupie. Kurz gesagt: Um eine Muse wie Alma zu sein, muss man das Kunstwerk verstehen, das man zu inspirieren hofft. Sorgen Sie dafür, dass Ihr Lob ein Preis ist, für den es sich zu kämpfen lohnt, und dass die Belohnung, die Sie dafür bieten, sündhaft süß ist. Er wird schnell verstehen, dass seine kreativen Säfte nur bei Ihnen fließen. Wenden Sie heiße und kalte romantische Kompressen an. Ihre Liebe ist niemals bedingungslos. Lassen Sie sie um der Kunst willen leiden und denken Sie immer an Almas Worte: »Wenn ich für eine Weile die Steigbügel dieser Ritter des Lichts halten durfte, so ist mein Dasein gerechtfertigt und gesegnet!«

KÖNNEN SIE MÄNNER ENTFÜHREN?

Haben Sie das Talent, einen Mann an einen anderen Ort zu versetzen? Sind Sie die Verführerin, die Männer erlegt, indem sie einfach nur dafür sorgt, dass sie sich wohl fühlen? Wenn Sie die folgenden Fragen überwiegend mit Ja beantworten, dann könnte das Entführen der Männer ihr Weg zur Kunst der Verführung sein.

✦ *Sind Sie Optimistin?*
✦ *Geht es Ihnen in Gesprächen mehr darum, andere zu verstehen, als selbst verstanden zu werden?*
✦ *Gibt es Ihnen ein gutes Gefühl, andere zum Lachen zu bringen oder glücklich zu machen?*
✦ *Nehmen Sie sich selbst nicht allzu ernst?*
✦ *Finden Sie, dass eine Frau oft in der Lage ist, die besten Seiten in einem Mann zu sehen und hervorzubringen?*
✦ *Halten Sie sich selbst für emotional intelligent oder intuitiv?*
✦ *Halten Sie Essen nicht nur für eine Nahrungsquelle, sondern auch für ein effektives Mittel der Verführung?*
✦ *Finden Sie, dass Lachen der beste Weg ist, um eine Beziehung zu einem Mann herzustellen?*
✦ *Sind Sie eine Person, die andere dazu inspiriert, ihr Bestes zu geben?*
✦ *Empfinden Sie Sex als eine kreative Erholung?*
✦ *Sind Sie der Meinung, dass Männer zwar die Herausforderung lieben, aber eigentlich bedingungslos geliebt werden wollen?*

Locken Sie die Männer ins Schlafzimmer

SEX. NA JA, WAS SOLL ICH SAGEN? Damit eine Verführerin eine Verführerin ist – täuschen Sie sich da nicht – ist Sexappeal nötig. Sie sehen vielleicht wie eine Göttin aus und kleiden sich so. Vielleicht bringen Sie die Männer zum Lachen, bis sie sich den Bauch halten müssen, oder Sie beeindrucken so allumfassend wie Kleopatra, als sie mit ihrer Barke den Nil herunterfuhr. Aber wenn er Sie ansieht und nicht an Sex denkt, dann können Sie Ihre Tanzschuhe gleich an den Nagel hängen. Sie müssen sie ins Schlafzimmer locken und eine Vorstellung davon haben, was Sie tun werden, wenn Sie dort ankommen.

In jeder Verführerin schlägt das Herz einer Sexbombe – was bedeutet, dass sie durch einen Blick, ein Wort oder die Art, wie sie sich bewegt, die Aufmerksamkeit eines Mannes am anderen Ende des Raumes erregen kann. Doch es sind die Konkurrentin-Verführerinnen, die häufig auf diesem Gebiet die Vorkämpferinnen sind. Weil sie eine den Männern ebenbürtige Libido zeigt, käme es einer solchen niemals in den Sinn, nicht in sexuelle Gebiete vorzudringen, in die sich vor ihr nur wenige wagten. Egal, was für eine Verführerin Sie sind, Sie sollten nicht zögern, es selbst auszuprobieren.

Gestalten Sie die erotische Bühne

Cora Pearl

GEBORENE EMMA CROUCH (1835–1866)

KONKURRENTIN-VERFÜHRERIN

An einem Abend in Paris vor mehr als hundertfünfzig Jahren saß Cora Pearl mit männlichen Bewunderern beim Dinner, als sie sich kurz entschuldigte. Sie ging in die Küche, ließ ihre Kleider fallen und arrangierte ihren wunderschönen Körper auf einem großen Silbertablett. Ihr Koch, der angesehene Salé, dekorierte ihren »nackten Körper mit Rosetten und Streifen aus Sahne und Saucen«, schrieb sie in ihren Memoiren, »mit dem Geschick und der Kunstfertigkeit, für die er berühmt war«. Er platzierte eine Traube in ihrem Nabel, umgab sie mit Baiser und stäubte schließlich noch ein bisschen Puderzucker obendrauf. Zwei Diener trugen das verdeckte Gericht herein und lüfteten das Tuch feierlich. Und darunter war, wie wir wissen, die ergötzliche Pearl.

Es wird Sie nicht überraschen zu erfahren, dass unsere Verführerin keine tragende Säule der französischen Gesellschaft war, aber Mitte des neunzehnten Jahrhunderts war keine Kurtisane begehrter als Cora Pearl. Sie war zu ihrer Profession auf die Weise gekommen, wie es Frauen jener Zeit oft passierte: Ein Fremder lockte die jugendliche und unschuldige Emma Crouch in ihrer Heimatstadt London mit dem Versprechen auf Kuchen mit sich, setzte sie unter Drogen und »ruinierte« sie. Da sie nicht länger ehrbar war, wurde Emma Crouch zu Cora Pearl. Sie nahm das Geld, das der Fremde ihr hinterlassen hatte, und zog in die Demimonde der Kurtisanen. Napoleon und der Duc de Rivoli gehörten zu ihren ergebenen Eroberun-

LOCKEN SIE DIE MÄNER INS SCHLAFZIMMER **181**

gen. Durch sie erreichte sie das höchste Ideal einer Kurtisane: Sie finanzierten ihr einen Lebensstil, der das Wort »königlich« blass erscheinen lässt. Coras schwarze Perlen, »unglaublich wertvoll«, waren ihr Markenzeichen.

»Ich schwöre, dass es ein Erfolg ist, den ich niemals verstand«, schrieb ein Beobachter über Cora. »Er existierte, aber war durch nichts gerechtfertigt.« Sie hatte »den Kopf eines Fabrikarbeiters«, heißt es in einem wenig schmeichelhaften Bericht, den »Kopf eines Clowns« in einem anderen. Emile Zola benutzte Cora als Vorbild für die Kurtisane Lucy in seinem Roman *Nana*. Wie bei Cora werden Lucys Verhalten und ihr enormer Schick durch ihr unscheinbares Aussehen, »das fast an Hässlichkeit grenzte«, geschmälert – obwohl Coras exquisite Figur Pamela Andersons Körper wie gehackte Leber aussehen ließe. Mit ihrem Talent für erotisches Theater schuf sie Wege, um ihre Vorzüge von ihrer besten Seite zu präsentieren, und machte sich damit besonders begehrenswert.

Cora war stolz darauf, »blinde Leidenschaft und verhängnisvolle Anziehungskraft« zu vermeiden – das Geheimnis ihres Erfolgs. »Ich habe nie irgendjemandem gehört. Meine Unabhängigkeit war mein Glück«, sagte sie. Ohne an einen Mann gebunden zu sein, war die Konkurrentin frei, sich vielen Männern hinzugeben und dafür Preise zu verlangen, die so hoch waren, dass sie einige ruinierte. Jungenhaft, natürlich athletisch, häufig derb besaß Cora die wollüstige Libido einer Konkurrentin-Verführerin. Sie braute einen wahren »Höhepunkt der sinnlichen Genüsse« zusammen, was mit kreativen Bildern begann. Sowohl subtil als auch frech bot sie an, was auf ein ins Auge fallendes sexuelles Reizen hinauslief.

»Sex war für all jene Männer, die ihn mit ihr praktizierten, nicht nur ein körperlicher Akt, sondern auch ein Gemütszustand«, schrieb einer von Coras Biografen. Nicht ein einziger Moment oder eine Bewegung wurde dem Zufall überlassen. Die Kurtisane war die Geliebte mit den erotischen Details. Die Umgebung, das Kostüm, die Requisiten und der Text waren alle so gewählt, dass eine *Mise-en-scène* der Verführung entstand. Jeder Ausflug wurde als Möglichkeit gesehen – die sonntägliche Messe gehörte zu den beliebtesten. Ehrbare Frauen brannten darauf zu erfahren, was die Kurtisanen so reizvoll machte. Obwohl sie offiziell nicht existierten, wurden sie oft wie Ärzte zu Konsultationen gerufen, wenn es um Fragen der Verführung ging.

Ein junger Mann ruinierte sich finanziell durch seine Beziehung zu Cora. In dem verzweifelten Versuch, ihre Aufmerksamkeit zu erregen, drang er mit einer Pistole gewaltsam in ihr Haus ein und verletzte sich selbst, obwohl die Kugel ursprünglich für sie gedacht gewesen sein könnte. Cora machte sich mehr Sorgen um den Fleck auf ihrem Teppich als über die Wunden ihres Liebhabers. Er erholte sich, aber ihr Ruf nicht. In den harten Zeiten, die sie für den Rest ihres Lebens verfolgten, nannte sie sich selbst »Cora ohne Perlen«.

Coras Lektion

Das Leben einer Kurtisane bestand daraus, Männern Freuden aller Art zu bereiten. Ihre Arbeit begann zu Hause, in ihrer ultimativen Luxushöhle. Alles war mit Koketterie und auf schwelgerische Weise eingerichtet. In den Räumen hing schwerer Blumenduft. Betten waren mit Schnitzereien und Baldachinen üppig verziert, Räume mit Objects d'art und sinnlichen Stoffen aus aller Welt. Bei den Speisen wurden keine Kosten gescheut – Fasan in Aspik, Rebhuhn mit Champagner, eine Reihe von Desserts (unter Umständen sogar die Gastgeberin). Eine erotische Bühne zu schaffen, egal wo, verlangte permanente Kreativität. Cora zauberte ständig neue Hasen aus dem Hut. Die Konkurrenz war groß.

An jedem Abend in der Oper waren die Kurtisanen immer die fesselnde Nebenhandlung. Eine trug vielleicht ein eindeutig wie ein Phallus aussehendes Messer als Haarschmuck. Eine andere steckte sich eine Rosenknospe in ihr Oberteil, »in die köstlichste aller Spalten«. Und wieder eine andere türmte ihr Haar auf oder färbte es passend zu ihrem Outfit – oder schmückte sich mit Juwelen und Kleidern, die »ultimatives Luxusgut« signalisierten. Coras Gang allein war »der eines Rehs«, und der elegante Schwung ihres Kopfes ließ Männer auf der Galerie aufseufzen. Wenn der Anlass sich nicht für eine Zurschaustellung anbot, dann sorgten die Kurtisanen selbst dafür. Als Eva auf einem Kostümball war Cora, wie Zeitungen berichteten, »von nicht mehr Kleidern bedeckt, als sie die ursprüngliche Apfelesserin trug«. Cora machte es (zum Glück) zur Mode, durch den Bois de Boulogne zu reiten – wobei sie sich des »schieren Theaters und der erotischen Kraft« einer Frau rittlings auf einem Pferd sehr wohl bewusst war.

LERNEN SIE STRIPTEASE

Hört sich geschmacklos an, aber ein kleiner privater Striptease kann das Tier im Mann zum Leben erwecken. Für göttliche Inspiration müssen Sie sich nur Sophia Loren in dem heißen Streifen Gestern, heute und morgen *ansehen. Die Loren trainierte mit Profis im berühmten* Crazy Horse *in Paris und überzeugte auf der ganzen Linie. Loren sagte:* »Ich habe (Marcello) Mastroianni angelächelt. Er lächelte mich an. Und dann habe ich es ihm gegeben«, *in einem schwarzen Spitzenstrapsmieder und Stümpfen.* »Langsam, sinnlich, aufreizend zog ich mir meine Kleider aus und ließ jedes Teil provozierend vor seinen Augen baumeln, während mein Körper sich zu der pochenden Musik wiegte ... das Zusammenspiel, das Timing, die Sexualität, die körperliche Gewalt meiner Reize machte ... Marcello an« *– dessen nicht im Drehbuch stehende Reaktion ein wolfsähnliches Heulen war.*

LOCKEN SIE DIE MÄNER INS SCHLAFZIMMER 185

Was man jetzt in den Regalen der Unterwäschemarken wie Victoria's Secret sieht, ist eine blasse Imitation dessen, was Kurtisanen zuerst erfanden. »Cora und die anderen *Demi-mondaines* wussten nur zu gut, was wir leicht vergessen«, schrieb ein Biograf, »dass das geheimnisvoll und verlockend halb Verdeckte sehr viel reizvoller ist als das klinisch Entblößte.« Der schiere Luxus ihrer Unterwäsche und Schlafröcke, hieß es, reiche aus, um einem Mann eine Gänsehaut zu verursachen. Eine Kurtisane besaß vielleicht ein anderes Outfit für jeden Liebhaber in dessen Lieblingsfarbe mit passenden, goldbestickten Pantoffeln – und die Kosten dafür waren absolut astronomisch. Es war ein ganz entscheidender Teil der »Geschütze« für ihr *Mise-en-scène*. Das lässt einen schon darüber nachdenken, ob die Baumwollunterhosen nicht bessere Tage gesehen haben, oder?

Vielleicht sind Sie wie Cora eine Frau mit sehr guten Nerven. Sie werden vielleicht dafür verhaftet, wenn Sie sich selbst nackt servieren lassen – aber der Skandal könnte nicht schaden. Was hält Sie davon ab, als Aphrodite mit gefährlich tiefem Ausschnitt auf einen Kostümball zu gehen? Oder in Ihrer glänzenden Reithose durch den Central Park zu reiten (oder, noch romantischer, im Damensattel)? Ein verlockendes Bild kann mehr wert sein als eine offene Berührung oder tausend Worte. Es wird sich ihm noch für Jahre ins Gedächtnis einbrennen. Cora war bekannt dafür, dass sie Männer in der Badewanne empfing, die mit Champagner gefüllt war, oder dass sie einen enthüllenden Cancan auf einem Boden tanzte, der über und über mit Orchideen bedeckt war.

Anmut, Schönheit und Theatralisches kann Alltägliches sexy machen, so lange Sie nicht Ihre alte Jogginghose tragen. Ein einfacher Gang zum Markt kann eine erotische Bühne schaffen – wenn Sie aufreizend angezogen sind, wenn sie das Obst abtasten oder sich elegant vorbeugen, um das Kleingeld entgegenzunehmen. Zu Hause, bei der Arbeit oder in der Stadt sollten Sie immer über das Licht, die Requisiten und das Drehbuch nachdenken. Die Verführerin Lady Randolph Churchill aus der Zeit Edwards VII. verwendete ihres rosigen Scheins wegen nur pinkfarbene

Glühbirnen. In grellem Licht wird es Ihnen nicht gelingen, eine erotische Bühne zu schaffen – und auch nicht, wenn Sie mit dem Mann, der sich gerade in der Schlange vorgedrängt hat, einen Streit anfangen. Überlegen Sie, welche Aktivitäten Sie von Ihrer besten Seite zeigen. Und inszenieren Sie dann Möglichkeiten, wie Sie dabei gesehen werden können, wenn Sie diese ausführen.

Die Schauspielerin Mae West verwandelte ihr Schlafzimmer in eine sündige Höhle aus dem achtzehnten Jahrhundert, mit blassrosa Brokat und in Gold und Weiß gerahmten Spiegeln vom Boden bis zur Decke. (»Ich sehe gerne, wie ich gerade bin.«) Wenn Sie eine erotische Bühne schaffen, dann sollte Ihr Boudoir Komfort und Luxus in einem Stil ausstrahlen, der zu Ihnen passt. Das muss nicht notwendigerweise ein Himmelbett sein, aber zumindest eine unbedenkliche Matratze und einladende Laken. Eine Fülle von Blumen, gefühlvolle Musik und eine Kerze können nicht schaden, solange Sie es schaffen, sich selbst perfekt in Szene zu setzen. Eine Zeitgenossin von Cora schlief in schwarzer Seide, um ihre strahlend weiße Haut besser zur Geltung zu bringen. Wie wäre es damit, das fleckige T-Shirt mal gegen richtig schöne Unterwäsche und ein Negligé zu tauschen?

*Nehmen Sie im Schlafzimmer
das Zepter in die Hand*

Katharina die Große

GEBORENE SOPHIE PRINZESSIN VON ANHALT-ZERBST (1729-1796)

MUTTER-/KONKURRENTIN-VERFÜHRERIN

Im Herbst 1796 hatte Katharina die Große Russland für fast vierunddreißig Jahre regiert und sich ihren Ruf als aufgeklärte Kaiserin vielfach verdient. Aber sie galt auch als ziemlich exzentrisch. Wie ihr Hof sehr wohl wusste, war es oft schwer, ihre sexuellen Bedürfnisse zu befriedigen. Auch in fortgeschrittenem Alter blieb ihr Heißhunger ungebrochen. »Ich habe Tiere immer geliebt«, schrieb sie in ihren Memoiren. Aber prüfte Sie diese Liebe tatsächlich in allen Facetten? Hier, liebe Verführerinnen, endet die Wiederholung der modernen Legende. Sie haben gehört, dass Katharina von einem Pferd zu Tode getrampelt wurde, als sie versuchte, sich mit ihm zu vereinen? Das ist schlicht nicht wahr. Katharina erlitt einen Schlaganfall und fiel an jenem Novembertag ins Koma. Aber ihre sexuelle Legende lebt weiter.

Wie kam Katharina die Große zu ihrem Ruf, sagen wir, sexuell kreativ zu sein? Auch über Kleopatra, Marie Antoinette und die jungfräuliche Königin Elizabeth I. kursierten Gerüchte, die so obszön waren, dass sie Spam-Mailer erröten lassen würden. Es ist das Los mächtiger Frauen, die zudem begehrenswert sind. Sicher, Katharinas Libido war grenzenlos. Aber sie zog den robusten Soldaten, jung und hübsch, den Liebhabern mit Hufen vor. Selbst am Ende ihres Lebens, »wechselten sich die beiden Zubov-Brüder und ihr Freund Saltykov bei einem Dienst ab, der ... gewaltig war und ... schwierig zu erfüllen«.

Ich lobe und belohne gerne mit lauter Stimme und ermahne flüsternd.

— Motto von Katharina der Großen

Katharina wurde als Sophie Auguste Friederike von Anhalt-Zerbst geboren, eine kleine Prinzessin aus einem winzigen deutschen Fürstentum. Als Mädchen unscheinbar, überspielte Sophie ihr spitzes Kinn und ihre lange Nase mit ihrem Charme. Eine Handleserin sagte, sie sähe »drei Kronen in ihrer Hand«. Das Mädchen machte diese Vorhersage zu ihrem Glaubensbekenntnis. »Der Titel Kaiserin klingt wohl in meinen Ohren«, schrieb sie in ihren Memoiren. Der russische Thronfolger, Großherzog Peter, wurde ihr zugedacht. »Und langsam begann ich mich an den Gedanken zu gewöhnen, dass es mein Schicksal sei, seine Frau zu werden.« Als die Einladung eintraf, den Auserwählten kennenzulernen, packte Sophie ihr Brautkleid ein und wurde seine Großfürstin Ekaterina (Katharina) Alexejewna.

»Ich hätte meinen neuen Ehemann lieben sollen«, schrieb Katharina in ihren Memoiren, »wenn er nur willens oder in der Lage gewesen wäre, wenigstens ein bisschen liebenswert zu sein.« Der künftige Zar war grob, kindisch und ein ziemlicher Schwachkopf. Er spielte im Ehebett mit Spielzeugsoldaten und exekutierte kurzerhand Ratten, weil sie »die militärischen Regeln gebrochen« hätten. Nach acht Jahren war die leidenschaftliche Großherzogin immer noch Jungfrau. »Er war mir recht gleichgültig«, schrieb sie in ihren Memoiren über Peter, »jedoch nicht Russlands Krone.« Sie fing an, ihr Vergnügen bei den Militärs zu suchen. Als Peter den Thron bestieg, organisierte einer ihrer ergebenen Liebhaber seinen Sturz. Als Zarin wurde Katharina »die Große« Russlands geliebte »kleine Mutter«.

Sie »hat die Seele von Brutus«, sagte ihr Freund Denis Diderot, »kombiniert mit dem Charme der Kleopatra« – oder, wie sie es nannte – »den Verstand und den Charakter eines Mannes mit den Reizen einer sehr ansprechenden Frau«. Tagsüber baute sie mit dieser »phänomenalen Energie« Schulen und Krankenhäuser, dehnte das Reich bis ins Baltikum aus, korrespondierte mit Intellektuellen und befriedete Aufstände. Sie schuf ein Russland, wie Peter der Große es sich vorgestellt hatte. Nachts wurde sie die anspruchsvolle Herrin im Schlafzimmer. Ihre Liebhaber betraten ihr Gemach über eine Hintertreppe durch eine Geheimtür. Katharina wählte sie aus wie ein Mann, verlangte gierig nach frischen jungen Körpern. Aber kein Mann konnte in ihrer Gesellschaft sein, prahlte sie, ohne »sich völlig zu entspannen«.

»Meine ganze Existenz ist ihr gewidmet, sehr viel aufrichtiger als es normalerweise der Fall ist, wenn Leute in meiner Situation so etwas sagen«, schrieb ein ehemaliger Liebhaber, den sie zum König von Polen machte, um seinem aufdringlichen Blick zu entgehen. Sie verliebte sich heftig in das feurige »einäugige Genie« Gregor Potemkin. »Meine verwandte Seele«, »mein goldener Hahn«, »mein Löwe des Dschungels«, nannte sie ihn, »kein Mann der Welt gleicht dir.« Seite an Seite mit ihm arbeitend, überschüttete sie Potemkin mit Ehren und Titeln, und er könnte Katharina sogar in einer geheimen Zeremonie zu seiner Frau gemacht haben. Als die Leidenschaft abkühlte, wurde Potemkin, na ja, ihr Kuppler. Bei einem seiner Schachzüge schickte er einen Soldaten mit einem Aquarell zu Katharina, das sie »studieren« sollte. Sie schrieb auf die Rückseite: »Die Linien sind exzellent, aber die Farbwahl ist weniger gelungen.«

Wer hätte sich der mächtigen Herrscherin verweigert? Niemand natürlich. Doch die Aufgabe wurde als wenig schwer angesehen. Selbst platonische Freude wie Diderot und Voltaire wetteiferten eifersüchtig um die stimulierende Freude, der Zarin Gesellschaft leisten zu dürfen. Ihre Liebhaber badeten im warmen Schein ihrer Zuneigung, »verloren den Kopf« vor Liebe und waren stolz, die »Lieblinge« zu sein. Als er nicht in ihr Gemach durfte, weinte ein Liebhaber vor der Tür. Jeder war wie ein Sohn – seine intellektuelle Entwicklung wurde gefördert, seinen Launen nachgegeben. Wenn er gehen wollte, hielt sie ihn nicht zurück. Sie schenkte ihm Besitztümer und klopfte ihm liebevoll auf den Hintern, wenn er zur Tür hinausging.

Katharinas Lektion

Wie alle Konkurrentin-Verführerinnen empfand Katharina Sex wie körperliche Ertüchtigung – eine natürlich Form des Vergnügens und der Entspannung. So behielt sie ihr »körperliches Gleichgewicht«. Um sicherzustellen, dass sie bekam, was sie wollte, beschäftigte sie sogar eine Testerin. Liebhaber hatten manchmal Schwierigkeiten mitzuhalten. Einer ruinierte seine Gesundheit mit Aphrodisiaka, die er einnahm, um nicht in Ungnade zu fallen, wenn er sich nicht gut fühlte. Ihre »kleine Mutter« war zwar geduldig und freundlich, aber »wenn diese Sache zu oft vorkam, dann wurden sie vor die Tür gesetzt«.

»In der Politik und der Liebe war ihre Einstellung gesund und einfach«, schrieb ein Biograf. Katharina wusste, was sie wollte, und ging davon aus, dass ihre Bedürfnisse richtig und korrekt waren. Ihre unersättliche Libido verlangte gelegentlich sogar nach einer Orgie. Viele schockierte das, nicht jedoch diejenigen, die ihr nahstanden. »Man darf nachsichtig ein Auge zudrücken angesichts der Verfehlungen einer Frau, die ein großer Mann ist«, notierte ein Freund und Diplomat. Es wurde berichtet, dass Katharina während ihres Lebens nur zwölf Liebhaber hatte. Nach heutigen Erkenntnissen kann man diese Zahl wohl getrost mal sechsundzwanzig nehmen.

»Die Großfürstin ist romantisch, leidenschaftlich, feurig«, sagte ein Chevalier über die junge Katharina. »Sie macht mir Angst.« Man kann nicht immer allen Männern gefallen, aber die Verführerin – vor allem die Konkurrentin – schert sich nicht darum. Sie wird schon von denen belagert, die an ihr interessiert sind. Mae West, Beryl Markham, die Kurtisane Ninon de Lenclos – alles Konkurrentinnen – setzten die Stillung ihrer Bedürfnisse denen der Männer gleich; und Liebhaber nahmen die Herausforderung gerne an, diese Bedürfnisse zu befriedigen. Diese Beherrschtheit und Leidenschaft steigerte sogar noch ihre Attraktivität. Jahrzehnte nach ihrer Affäre erzählte der König von Polen Katharina sehnsüchtig, er habe es nie wieder so gut gehabt.

Der Schlüssel zur Attraktivität einer Verführerin ist ihre sexuelle Vitalität. Sie sollte keine Vorbehalte haben, ihm so gegenüberzutreten, wie er es sich von ihr wünscht – in einem nassen T-Shirt oder nackt, mit Öl eingerieben. Vielleicht räkelt sie sich auf einem Bärenfell, das Zimmer nur vom Schein der brennenden Holzscheite im Kamin erhellt. Dennoch sollten Sie Sex nicht mit Liebe und Hingabe verwechseln, es sei denn, das Etikett passt. Wenn Sie den Fuß in kaltes Wasser gehalten haben, dann besteht kein Grund, ganz darin einzutauchen. Wenn es Ihre ist, dann ist eine stürmische Libido normal. Die Verführerin, die weiß, wen und was sie im Schlafzimmer will, ist mächtig. Und Macht ist ein Aphrodisiakum. Lehnen Sie sich nicht zurück und »denken Sie an England«, wie es früher hieß. Ergreifen Sie die Initiative und bestimmen Sie das Tempo. Übernehmen Sie die Verantwortung für Ihr Vergnügen. Sagen Sie ihm, was Ihnen gefällt.

Machen Sie einen Abstecher ins Abenteuer

(*1975)

Angelina Jolie

KONKURRENTIN-VERFÜHRERIN

Es ist ein gewöhnliches Grillfest in der Nachbarschaft auf amerikanische Art – Hot-dogs und Burger frisch vom Grill. Frauen verbünden sich bei Beschwerden über ihre Ehemänner. Ehemänner öffnen Bierdosen und erzählen sich alte Witze. In das Getümmel mischt sich die glutvolle Mary Bell – tiefer Ausschnitt, Leopardendruck, schwarzes Leder und sinnliche Lippen. »Wer ist das?«, fragt Nick, Lässigkeit vor-täuschend, während sich seine Nackenhaare angesichts der klar und deutlich er-kennbaren Gefahr aufstellen. Na ja, es ist Angelina Jolie, die sich eigentlich selbst spielt – die dunkle, rätselhafte *Femme fatale*. Jolie bekam nach dem Streifen *Turbu-lenzen – und andere Katastrophen* die meisten guten Kritiken und ihren Filmkolle-gen. Es sollte nicht das letzte Mal sein. »Ich ging von zu Hause fort, um einen Film zu drehen, und während ich weg war, hat mein Freund geheiratet«, sagte die Schau-spielerin Laura Dern, völlig unvorbereitet getroffen. Angelina trug Billy Bob Thorn-tons Blut in einem Fläschchen um den Hals und hatte so sportlichen Sex, dass sie sagte, sie brauche kein Fitnessstudio. Schluck.

Sie können wahrscheinlich an ihrem kleinen Finger die Frauen abzählen, von denen Sie wissen, dass sie in einem Anfall von Depression einen Killer engagiert haben, um sich selbst auszuschalten (der Killer redete es Jolie aus). Oder welche Frau würde eine Karriere als Beerdigungsunternehmerin anstreben? Ich für meinen Teil habe niemals davon geträumt, den Bund des Lebens auf einer »kleinen schwar-zen Hochzeit« zu schließen (erste Ehe mit Jonny Lee Miller), und ich habe auch

Schwierigkeiten, mir Umstände auszumalen, unter denen ich mich vielleicht für die Inschrift »Bis zum Ende«, mit Blut über mein Ehebett geschrieben, erwärmen könnte (Billy Bob). Es gibt allerdings eine einleuchtende Erklärung für Jolies Faszination für Messer. Die verstorbene Mutter der jungen Angie nahm sie mit auf Mittelaltermärkte, wo es auch historische Waffen gab. Doch sie interessierte sich für wirklich merkwürdige Details. Als sie sich am Set des Actionfilms *Mr. and Mrs. Smith*, in dem sie eine Hausfrau und Killerin spielt, die Waffen ansah, fragte Jolie: »Gibt es dieses auch mit einer gezackten Klinge? Und da gibt es doch ebenfalls diesen besonderen Haken, der sich gut dafür eignet, das Fleisch herauszureißen, wenn man es wieder rauszieht?«

Ehrlich, ich mag alles. Jungenhafte Mädchen, mädchenhafte Jungen, die Dicken und die Dünnen. Was ein Problem ist, wenn ich die Straße entlanggehe.

— Angelina Jolie

Es muss vielleicht nicht mehr erwähnt werden, dass Angelina Jolie die Tochter des Schauspielers Jon Voight und der verstorbenen Schauspielerin Marcheline Bertrand ist. Im Kindergarten gründeten Angelina und ihre frühreifen Freundinnen die »Kissy Girls«. »Wir jagten die Jungen und küssten sie viel, und sie schrien dann«, erklärte sie. War dies der Anfang von allem? Die Pubertät brachte erste Sturmwarnungen. Die mädchenhaften Kleider wurden gegen Hundehalsbänder und Spikes und einen Freund getauscht, mit dem sie sich gegenseitig fast tödliche Stichwunden zufügte.

»Im Rückblick war er jemand, von dem ich wollte, dass er mir dabei hilft auszubrechen«, sagte sie. Meine Güte, Mädchen, wissen wir nicht alle, wie sich das anfühlt? Selbstmord, wurde Jolie klar, ist »eine Tür, durch die ich jederzeit gehen kann«, deshalb beschloss sie, »riskant zu leben und drauf zu scheißen.« Der Film *Durchgeknallt* zeigte, wie weit sie sich aus diesem Fenster gelehnt hatte. Der Regisseur besetzte sie wegen dieser Aura der Gefahr, die sie ausstrahlt, als eine verführerische Soziopathin – ein »Jack Nicholson in schicken Kleidern« waren seine Worte. »Ich habe nur nach meinen Impulsen gehandelt«, sagte sie über ihre Rolle. Sie schockiert gerne, sagte ein Regisseur, sie ist gerne »die Person im Raum, die bereit ist, es offen auszusprechen«. *Movieline* wählte Jolie zur Person, die »einem Psychiater am ehesten Angst machen kann.«

Jolie hat sich eine Rolle als Sex-Abenteurerin geschaffen, und die Mutterschaft hat sie gemäßigt. Lassen Sie uns einen Blick auf die Geschichte werfen: Sie hat Erfahrungen im SM-Bereich gesammelt, sich von gesichtslosen Liebhabern in Hotelzimmer abschleppen lassen und sich auf eine Affäre mit einer Frau eingelassen, über die in der Presse ausführlich berichtet wurde. »Ehrlich, ich mag alles«, sagte sie in einem Interview, »jungenhafte Mädchen, mädchenhafte Jungen.« Für eine Weile sah es so aus, als würde das sogar Geschwister mit einschließen. »Du bist der erstaunlichste Mann, den ich kenne, und ich liebe dich«, sagte sie, während sie ihren Oscar festhielt, und gab ihrem Bruder einen gefühlvollen Schmatzer auf die Lippen. Dann kam der *Coup de grâce*: Sie spannte den attraktivsten Mann der Welt seiner Frau aus, dem idealen Mädchen von nebenan. Jetzt sind wir nicht sicher, was sie mit ihm vorhat.

»Sie will, dass alle Männer vor ihr niederknien«, sagt ein Freund. Und wie alle Konkurrentin-Verführerinnen liebt Jolie vor allem die Herausforderung, sich Männer zu angeln, die anderweitig gebunden sind. Ihr Sirenenlied ist ihre leidenschaftliche Furchtlosigkeit. Er ist von Ehrfurcht ergriffen vor einer Frau, die ein stärkerer Mann ist als er selbst. »Ich meine, er ist wirklich ein Hausmann«, sagte Doug Liman, der Regisseur von *Mr. and Mrs. Smith*. »Aber Angie in dieses Vorstadthaus zu bringen ... ich hätte sie genausogut bitten können, so zu tun, als sei sie in einem Raumschiff.« Der Reiz besteht in diesem Fall darin, mit ihr mitzuhalten – vor allem im

Schlafzimmer. Was ist mit der Tatsache, dass sie seit ihrer Mutterschaft sichtbar weicher geworden ist und jetzt als UN-Botschafterin arbeitet? Die Konkurrentin wird Heim und Herd jederzeit gegen eine sexuelle Herausforderung eintauschen.

Angelinas Lektion

Bringen Sie eine Gruppe von erklärtermaßen heterosexuellen Männern in einem Raum zusammen und fragen Sie sie, welche Frau, über die in den Medien berichtet wird, sie besonders sexy finden. Sie werden ganz sicher die Namen Catherine Zeta-Jones hören, Scarlett Johansson und Halle Berry, und vielleicht geht eine Wildcard an Sarah Jessica Parker. Aber die Wahl wird erst einstimmig sein, wenn der Name Angelina Jolie fällt, und das ist auch der Zeitpunkt, an dem die Temperatur im Raum anfängt zu steigen.

Es sind die sinnlichen Lippen, die pan-ethnische Schönheit, der Körper, der sogar die computergenerierte Lara Croft übertraf, als Angelina *Tomb Raider* auf die Leinwand brachte. Tatsächlich erhielt sie den Titel »Sexiest Woman Alive« vielfach von Magazinen überall auf der Welt. Was Männer bis auf den Grund ihrer Seele erregt, ist nicht die unleugbare Schönheit, obwohl sie nicht schadet. Es liegt daran, dass Angelina mehr als nur ein bisschen gefährlich ist. »Sie hat keine Grenzen ... es fühlt sich an, als würde sie alles ausprobieren«, sagen sie. Tatsächlich ist sie stolz darauf, wie weit sie gehen würde.

Für eine Szene in *Mr. and Mrs. Smith* schlug der Regisseur vor, Jolie sollte den »absolut verrücktesten Sexakt, den ich mir vorstellen kann, zehn Schritte weiter als alles, was ich jemals in Erwägung ziehen würde« spielen, um zu sehen, wie sie darauf reagiert. Als Jolie die Stirn runzelte, dachte er, es sei ihm endlich gelungen, sie zu schockieren. »Nein, ich überlege nur gerade«, erklärte sie seelenruhig, »ob ich das nicht schon *gemacht* habe.«

Jolie hat »Ein Gebet für die im Herzen Wilden, die in Käfigen gehalten werden« – ein Zitat von Tennessee Williams über ihren Oberarm tätowiert. Das ist kein Zufall. Sie hat wiederholt behauptet, dass sie, wenn es um Sex geht, »alles« mag. Bis Jolie eine Kamera in ihrem Schlafzimmer installiert, werden wir nicht eingeweiht werden, was das genau heißen soll. Aber man weiß einfach, dass sie in Gebiete vorgedrungen ist, wo es keinen Strom und fließend warmes Wasser gibt. Gefragt, was ihr lieber sei, Gefahr oder Sex, sagte sie: »Es gibt keinen Sex ohne Gefahr.« Sie sucht das Abenteuer. Es lässt sich nie voraussagen, was sie tun wird.

Sind die Röhrchen mit Blut wirklich nötig? Muss man einen ganzen Schrank voller Peitschen und Leder besitzen? Was für eine Rolle spielen Messer genau in diesem erotischen Bild? Muss wirklich jemand verletzt werden? Hey, fragen Sie nicht mich, ich habe gekniffen, als meine Nichte mich fragte, wo die Babys herkommen. Aber wenn wir irgendetwas von Angelina Jolie gelernt haben, dann, dass es definitiv erregend ist, die Tür zu den eigenen dunkleren Fantasien zu öffnen. Es gibt Ihnen vielleicht genau die Art von Verführerinnen-Ruf, den Sie brauchen.

Träumt er davon, Sie an Orten zu lieben, wo man sie erwischen könnte? Tun Sie es? Mein Rat: Ziehen Sie nicht über Sex auf Autodächern, in Sandlöchern oder am tiefen Ende des Pools her, bis sie es ein- oder zweimal ausprobiert haben. Ich bin nicht Angie, aber hier ist meine Geschichte: Während eines Urlaubs in Maine schlichen mein Freund und ich in eine Wache der Freiwilligen Feuerwehr für ein erotisches Abenteuer, während die Männer gerade auf einem Einsatz waren. Wir hinterließen unseren Gastgebern eine Nachricht und bedankten uns für das superweiche Bett. Noch heute spricht mein ehemaliger Freund davon. Die Situation fand er zutiefst erotisch.

Wird es Zeit, mal eine Geiselnahme zu simulieren? Für die Rolle der Domina? Die Hingabe der Jungfrau? Springen Sie mit Enthusiasmus ins kalte Wasser. Wenn Bree aus *Desperate Housewives* ihre Schürze für ein bisschen Sado-Maso lockern kann, dann wird es vielleicht auch für Sie Zeit, mal etwas Gefährliches auszuprobieren. Jeder Mann will ein böses Mädchen im Schlafzimmer. Warum nicht Sie?

Seien Sie anzüglich

Mae West

GEBORENE MARY JANE WEST (1892–1980)

KONKURRENTIN-/GÖTTIN-VERFÜHRERIN

Als platinblonde Sängerin Flower Belle Lee flaniert Mae West durch Greasewood City, eine gesetzlose Stadt im Wilden Westen auf dem Studiogelände in Hollywood. In dem Streifen *Mein kleiner Gockel* ist West so wohlgeformt wie eine Bergkette und so heiß wie die Mittagsstunde, eine Frau, dafür gemacht, Verlangen zu wecken und in jeder Situation, in die sie sich stiehlt, für Ärger zu sorgen. Flower Belle übernimmt den Unterricht der welken Lehrerin und hat sofort die volle Aufmerksamkeit eines ganzen Raums voller wilder Jungen – und provoziert die unvermeidlichen großen Augen und Pfiffe. »Ich konnte schon immer gut – mit Zahlen«, sagte sie gedehnt und meinte damit das Rechnen, aber mit einer Betonung in der Stimme, die etwas anderes andeutet.

»Es ist nicht das, was man tut, sondern wie man es tut. Es ist nicht das, was man sagt, sondern wie ich aussehe, wenn ich es tue oder sage«, erklärte Mae West. Auf dem Papier sind Sätze wie »Komm doch irgendwann rauf und besuch mich« oder »Gib mir ein paar Weintrauben« völlig unschuldig. West wägte ihre Worte tatsächlich mit »viktorianischer Sorgfalt« ab. Aber ihre laszive Stimme ließ Sex!Sex!Sex! so aufdringlich über ihr leuchten wie ein Neonschild über einem holländischen Bordell. »Meine Güte, was für wunderschöne Diamanten«, sagt die Garderobenfrau in *Ich bin kein Engel*. »Güte hatte nichts damit zu tun, Süße«, antwortet West gedehnt, Anzüglichkeit in der Stimme.

Schon solange sie denken konnte, wurde Mary Jane West von ihrer Mutter zu einer Karriere beim Varieté gedrängt. In früher Jugend empfand sie Auftritte als erotisch oder, wie sie es ausdrückte, »wie den stärksten männlichen Arm, der um mich geschlungen war wie ein Hermelinmantel«. Ihre Lieder waren gewagt und machten den erregten Männern Lust auf mehr. Sie mochte harte Kerle – Boxer, Leibwächter, zwielichtige Anwälte – und die Faszination, mehrere Liebhaber gleichzeitig zu haben. Ihre Mutter sagte ihr, Heirat sei ein schneller Fahrschein ins Niemandsland. Treue war ohnehin nicht ihr Ding, gestand Mae. Doch aus irgendeinem Grund heiratete sie mit neunzehn heimlich den Sänger und Tänzer Frank Wallace, dann packte sie ihre Sachen und machte sich davon. Dreißig Jahre später ließ Wallace sie auffliegen, als er die Scheidung einreichte.

Maes großer Durchbruch war eine Broadway-Revue. Als das Publikum nach einer Zugabe rief, gab West sieben davon und erstaunte die Produzenten mit Texten, die sie selbst gedichtet hatte. Es war der Anfang ihres langen Feldzuges von Schock und Ehrfurcht. »Ich kannte nur zwei Regeln des Stückeschreibens«, behauptete sie. »Schreib über etwas, das du kennst, und mach es unterhaltsam.« Ihr Stück *Sex* hatte 1926 in New London Premiere, kam an den Broadway und ließ die Society for the Suppression of Vice vollkommen außer sich geraten. Mae wurde ins Gefängnis geworfen, was ihr Unmengen von Publicity einbrachte. 1928 wurde die gesamte Besetzung von *The Pleasure Man* verhaftet. Bei *Diamond Lil* traf West auf die Figur, die ihr Markenzeichen wurde. Lil war eine hochgezüchtete Version von West selbst – ein sinnliches, schrilles, Männer verschlingendes Weib, das machte, was es wollte und sich vor niemandem rechtfertigte.

Diamond Lil wurde von Hollywood als *Sie tat ihm unrecht* auf die Leinwand gebracht. Als sie den unbekannten Cary Grant im Paramount-Studio entdeckte, sagte Mae: »Wenn er sprechen kann, dann nehme ich ihn.« Grant bekam die Rolle des jungen verdeckten Ermittlers, der von Lady Lou bestochen wird, Maes jetzt vierzig Jahre alter Nachtclubsängerin. Was Lou in ihren Dialogen durch die Zen-

sur verlor, wurde durch Maes Vortrag wieder aufgegriffen. »Komm doch irgendwann rauf und besuch mich« war eine Einladung, deren Zweideutigkeit dem Publikum nicht entging. Es war ausgedrückt in ihrem frechen Hüftschwung, ihrer
gedehnten Sprechweise und den anerkennenden Blicken, die sie einem Mann zuwarf. Wests komische Vulgarität war ein Kassenschlager. 1934 hatten ihre Filme
Paramount immerhin vor dem drohenden Ruin gerettet.

TUN SIE ES AUCH AM TELEFON

*Wenn Sie das anzügliche Reden erst raushaben, dann tun Sie es auch am
Telefon – oder in E-Mails. Sie müssen nicht jedesmal »aufs Ganze«
gehen. Sagen Sie ihm, was Sie tun werden, sobald Sie mit ihren Händen wieder seinen Körper erforschen können.*

Mae West brachte eine erstaunliche Persönlichkeit auf die Leinwand, die auch
im echten Leben wirkte – ein männlicher Verstand im weiblichsten Körper Hollywoods, die Blaupause der Konkurrentin-Verführerin. Ihrer Ansicht nach machten
Frauen ihr Glück viel zu sehr von Männern abhängig. Sie nahm sich ihre Liebhaber so, wie andere Pizza bestellen. Mae genoss ihr Vergnügen, wo immer sie es fand,
und brauchte Liebe nicht als Rechtfertigung dafür. Sie rauchte nicht, trank nicht und
fluchte nicht, und sie ging sonntags zur Messe, um ihre Seele zu retten. Und doch
waren anzügliche Sprüche ihr Markenzeichen. Sie gilt immer noch als eine der
Frauen mit dem stärksten Sexappeal in Hollywood.

Mit siebenundsiebzig hatte West ein Comeback als moderne Diamond Lil in
dem Film *Myra Breckinridge*. Sie spielte Leticia Van Allen, eine Hollywood-Agen-

tin mit einer aktiven Besetzungscouch. Sie starb in den Armen ihres Liebhabers Paul Novak, einem Schauspieler und Bodybuilder, der halb so alt war wie sie und der behauptete, »nur auf dieser Welt zu sein, um sich um Mae West zu kümmern«.

Maes Lektion

»Mae West konnte nicht mal ein Schlaflied singen, ohne dass es sexy klang«, schrieb die *Variety*. Sie sagte auch einen anzüglichen Satz so, dass er engelsgleich klang, einfach indem sie die Hände an die Wangen legte und in den Himmel schaute. »Ich spreche zwei Sprachen«, erklärte sie, »Englisch und Körper« – stets simultan. Um einen Satz sexy zu machen, verließ sie sich auf Doppeldeutigkeiten und spielte mit ihrer »Stimme und Figur wie eine versierte Musikerin auf ihrem Instrument.« Mit dieser gedehnten Sprechweise, dem geschickten Timing und einem Körper, der ständig in Bewegung zu sein schien, selbst wenn sie still stand, sprach West Bände, ohne tatsächlich etwas ausdrücklich zu sagen. Sie verwirrte die Zensoren, die jeden Satz prüften. »Hast du nie einen Mann gefunden, der dich glücklich macht?« fragt Cary Grant. »Sicher«, sagt Lou … Pause … sinnlicher Blick – »sehr oft sogar.« Es sind nicht die Worte, die sie wählt, sondern die »Sex-Persönlichkeit«, durch die es funktioniert.

Ist das ein Revolver da in Ihrer Hose oder freuen Sie sich nur, mich zu sehen?

— Mae West

Ohne jemals ein obszönes Wort zu sagen, gelingt es Mae West, uns allen die erotische Kraft des anzüglichen Sprechens zu zeigen. In *Bartlett's Familiar Quotations* finden Sie einige ihrer berühmtesten Zitate, immer noch auf ihre sinnliche Weise vorgetragen. Wenn Sie ihn an Sex denken lassen können, während Sie das Vaterunser aufsagen, dann brauchen Sie Maes Hilfe nicht. Nicht Sex im abstrakten

Sinn – daran denkt er sowieso alle zehn Sekunden (sagen zumindest die Experten). Ich meine das Fantasiebild, das Sie auf seiner heißen Harley zeigt – oder was auch immer wirkt. Wenn nicht, lassen Sie sich von Mae zeigen, wie es geht.

Schwingen Sie die Hüften. Sagen Sie etwas Freches. Dann wiederholen Sie es noch einmal, langsam, wie ein Schnurren. Betonen Sie jede Silbe, als wollten Sie ihn am liebsten anspringen (was Sie natürlich wollen). Ein dreisilbiges Wort bekommt vier – jedenfalls dann, wenn Sie es gedehnt aussprechen. Wenn Sie es zum richtigen Zeitpunkt tun, kann es den ganzen Morgen dauern, vor allem, wenn er auf Ihren anzüglichen Tonfall reagiert.

Anders als Mae werden Sie nicht von der Zensur gebremst. Allerdings war sie das auch nicht – im Schlafzimmer. Es wird Zeit, einen Zahn zuzulegen. Wenn Sie sich nicht trauen, fassen Sie Mut. Schließlich sind Sie eine furchtlose Verführerin. Sagen Sie anzügliche Sachen im Schlafzimmer und beschreiben Sie alles bis ins Detail. Sie brauchen etwas, um das Eis zu brechen? *MyPleasure.com* empfiehlt, laut aus *The Erotic Edge* oder *Das Delta der Venus* zu lesen – die Titel waren mir neu, aber Amazon kennt sie vielleicht. Wenn Sie sich erst mal vom geschriebenen Wort gelöst haben, erfinden Sie Ihre eigenen Beschreibungen. Sagen Sie ihm, was Sie mit ihm machen werden, Schritt für Schritt, und dann tun Sie es. Seine Erwartung ist der Schlüssel. Drehen Sie es um und denken Sie laut darüber nach, was er vielleicht als Gegenleistung für Sie tun könnte. Verwenden Sie dabei einen Hauch sexueller Obszönität.

Es geht nicht so sehr darum, was Sie sagen, sondern wie Sie es sagen, behaupten Männer – was wie ein Ratschlag von Mae klingt. Die Beschreibung eines erotischen Akts kann so klinisch wie der Kinsey-Report klingen, wenn Sie es falsch machen. Atmen Sie langsam und tief durch mit geöffneten Lippen. Ein paar katzenhafte Genusslaute können nicht schaden. Seufzen Sie leicht beim Ausatmen. Studieren Sie es nicht ein, sonst klingen Sie wie ein Pornofilm. Und benutzen Sie keine Liebesworte. Versuchen Sie, es anonym zu halten.

Bisexualität

Colette

GEBORENE SIDONIE-GABRIELLE COLETTE (1873–1954)

KONKURRENTIN-/SEXBOMBEN-VERFÜHRERIN

»Als wenn die erste Berührung sie verwundet hätte, wandte sie mir ein wunderschönes, animalisches Gesicht zu«, schrieb Colette in ihrem heißen Klassiker *Claudine en Ménage*, der 1901 erschien. Was für ein erotischer Roman! »Alles schmolz zu wilder Hingabe, Murmeln, herrischen Befehlen, wurde zu einer Art amouröser Raserei, gefolgt von kindlichem ›Danke‹ und einem tief befriedigten, seufzenden ›Ah!‹ eines kleinen Mädchens, das furchtbar durstig gewesen war ...« Claudine in ihrer Hochzeitsnacht? Nicht wirklich. Betrügt sie ihren Mann Renaud? Ja, aber mit einem pikanten Dreh. Die Szene ist ein Rendezvouz zwischen Claudine und ihrer Freundin Rézi – eine Affäre, die Renaud begeistert vom Rande aus befürworten wird. Bei den Verkaufszahlen übertraf *Claudine à l'École*, das eine Vielzahl von jungenhaften Claudine-Kopien in Pariser Bordellen hervorbrachte, den Erfolg noch. Wie die Leser von *Claudine à l'École* erfahren, schläft Renaud hinter Claudines Rücken ebenfalls mit Rézi.

Colette ließ ihr Leben in ihr Werk genauso schnell einfließen, wie sie es lebte. Und in ihrer von der Presse genau beobachteten Ehe mit dem Journalisten, der Willy genannt wurde, war es kein Geheimnis, dass »Rézi« ihre gemeinsame Geliebte war. »Colette setzt sich aufs hohe Ross ... in dieser finsteren Geschichte«, schrieb Henri Gauthier-Villars (Willy) in seinen Memoiren. »Unsinn! Unsinn! In Wirklichkeit war sie es – verführt von der ersten Begegnung an –, die [meine

Geliebte] umwarb.« Und Willy reizte dieses Arrangement unendlich. Indem sie ihr Leben in Kunst verwandelte, traf Colette die französische Psyche; die gierige Sexualität ihrer Figur brachte etwas zum Klingen. Durften Frauen in der Belle Époque wirklich so viel wissen über das, was Männer erregte?

Geboren in einem kleinen Dorf in Burgund, heiratete Sidonie-Gabrielle Colette Willy – einen älteren Freund der Familie –, als sie immer noch Zöpfe und Matrosenanzüge trug. Er ließ unter seinem Namen von anderen geschriebene Romane veröffentlichen, die er mit schlüpfrigen Details aufpeppte und dann verkaufte. Es dauerte nicht lange, da zwang er Colette, für ihren Lebensunterhalt zu arbeiten. Er beurteilte ihren ersten Versuch, *Claudine á l'École*, als »kommerziell wertlos«. Das Manuskript lag zwei Jahre lang in der Schublade. Als er es wiederentdeckte, war Willy seltsam erregt von Claudines Zuneigung zu Aimée, ihrer hübschen stellvertretenden Schulleiterin. Willy schloss Colette zum Schreiben in einem Zimmer ein und sagte ihr, sie solle »es ein bisschen heißer machen«. Die Claudine-Romane – allesamt Bestseller – erschienen unter seinem Namen, bis Colette Willy verließ und es allein versuchte. Die junge, kätzchenhafte Colette tauschte ihre schönen Zöpfe gegen kurz geschnittenes Haar und Katzenaugen mit dickem Kajalstrich – und der offenen Sexualität einer Konkurrentin-Verführerin.

Wenn ich nicht alle Trüffel haben kann, dann verzichte ich ganz auf Trüffel.

— Colette

»So viele Frauen möchten verdorben werden, und so wenige werden auserkoren«, schrieb Colette in ihrem homoerotischen Roman *Le Pur et l'Impur*. Colettes Bücher brachten etwas Neues: eine Frau, die nicht nur offen begehrte, sondern dabei auch die Geschlechtergrenzen überschritt. Im Leben und in der Kunst wechselte

Colette von männlichen zu weiblichen Liebhabern und wieder zurück. Auf der Bühne des Moulin Rouge ging sie ein bisschen zu weit. In einer exotischen Pantomime mit dem Titel *Rêve d'Égypte*, geschrieben von Willy, erschien Colette als vergoldete Mumie. Ihre Geliebte im wirklichen Leben, Missy, spielte eine Archäologin, die sie verführerisch auswickelte und küsste. »Runter mit den Lesben!« schrien die Zuschauer, die sie mit Orangenschalen und Sitzkissen bewarfen – und kauften Karten für die nächste Show.

In ihren Romanen fing Colette das alte »Paris der Finesse« der Jahrhundertwende ein, aber mit stürmischen neuen Enthüllungen seiner fleischlichen Geheimnisse. Ihre Geschichten waren »gerade schmutzig genug – und der Schmutz war gerade künstlerisch genug«, um ernst genommen zu werden. Colette heimste Literaturpreise ein. Sie »pflückte gierig die Früchte der Erde«, ohne sie moralisch zu verurteilen. Sätze wie »Laster ist, wenn man etwas Falsches tut, ohne es zu genießen« kamen aus den Mündern von Frauen wie Claudine. Colette lebte danach.

Als Colette etwas mit Bertrand de Jouvenal, dem Sohn ihres zweiten Mannes, von dem sie getrennt lebte, anfing, fügte sie ihren Schandtaten im Prinzip Inzest hinzu. »Mein erster Eindruck war Macht, und eine Macht, deren Schock ich als süß empfand«, sagte der junge Bertrand über ihre fünfjährige Affäre. »Das Vergnügen, das sie bereitete ... öffnete ein Fenster zur Welt.« Dominanz, Unterwerfung, offene Ehe, Orgasmus, Untreue, Gewalt, Fesselung und Sadismus – in Essays und Romanen deckte sie alles ab. Wer könnte sich mehr wünschen im Panorama des sexuellen Verhaltens? Doch es war Colettes offene Bisexualität – im Leben und im Buch – die ihren Ruf als Genussmensch besiegelte.

Außer klassischen Romanen wie *La Vagabonde* oder *Chéri* schrieb Colette Memoiren, Essays, Theaterstücke und – besonders bemerkenswert – ein Buch, das als Grundlage für den köstlichen Film *Gigi* diente. Ihre dritte Ehe mit einem sechzehn Jahre jüngeren Schmuckhändler war diejenige, die hielt. Noch bevor sie sich kennenlernten, beschloss er nach der Lektüre ihrer Bücher, Colette zu heiraten. »Was mich an Maurice bindet und ihn an mich?« überlegte sie. »Es ist meine Potenz.«

Wie die Franzosen sagen: *Chacun à son goût.*

Colettes Lektion

In einem Radiointerview dachte Colette über die unersättlichen sexuellen Gepflogenheiten von Don Juan nach. Ihre These? Männer sind unglaublich neidisch auf das sexuelle Vergnügen, das Frauen erfahren. In ihrem Drang nach Eroberungen versuchen sie, diese Seligkeit selbst zu erreichen. Es könnte ihre Fixierung auf diese Frau-Frau-Sache erklären, die so eindeutig in jenen Videos und Fotos dargestellt wird, die im Internet kursieren. Erinnern Sie sich noch, dass es aussah, als wäre der kurzzeitige Aufenthalt der Schauspielerin Anne Heche auf der Insel Lesbos das Ende ihrer Karriere? Damals konnten wir nicht ahnen, dass es nur ein Sammelpunkt war. Wie steht es mit Angelinas Geständnis: »Ich mag alles – jungenhafte Mädchen, mädchenhafte Jungen«? Es machte sie gefährlich, sicher, aber auch noch reizvoller. Die Berichterstattung darüber, wie Madonna Britney küsste, führt ein Eigenleben, und zwar deshalb, weil Bisexualität immer punktet.

Während meine eigenen Erfahrungen auf diesem Gebiet bedauerlicherweise begrenzt sind, habe ich erkannt, dass der Ruf einer Verführerin niemals leidet, wenn sie sich weit aus dem Fenster lehnt – vor allem mit einer anderen wunderschönen Frau. In dem Sommertheater, bei dem ich vor Jahren mitmachte, war niemand begehrter als die mädchenhafte stellvertretende Regisseurin, die gerade erst eine Affäre mit einer Frau hinter sich hatte. Vielleicht behauptete sie das nur, um die Männer heiß zu machen. Wie auch immer, es funktionierte. Sie verbrachten ihre wache Zeit damit, sie sich dabei vorzustellen.

»Niemand tut in seiner Fantasie etwas, das er nicht mag«, schreibt Bob Berkowitz in *His Secret Self*. Die Fantasie von Männern regt am meisten eine *Ménage à trois* an – zwei Frauen pro Mann für den doppelten Spaß. Das Arrangement trägt das Gütesiegel des Kamasutra, in dem steht, dass Gruppensex immer besser ist, wenn sie ihre Freundinnen mitbringt. So kriegen Männer es meist hin. Die Fantasie beginnt ganz harmlos – sagen wir, beim Essen mit der Ehefrau und einer Freundin. Bald fließt der Wein in Strömen, es wird sich der Kleidung entledigt, und er darf zusehen. Wie schon Renauld seiner Claudine erklärt, ist Untreue »eine Frage des Geschlechts.« Für ihn zählt eine Affäre zwischen Frauen nicht. Die ist nur zum Spaß.

So, jetzt wissen Sie es.

GESTEHEN SIE ALLES

»Ich bin Lesbe. Was tun Sie so?« sagte die Schauspielerin Tallulah Bankhead, als sie sich auf einer Party vorstellte. In der langen Liste der lustigen Bemerkungen, die sie machte, war das zweifellos die beste. Eine vielfach in der Presse beschriebene Affäre mit der Schauspielerin Eva Le Gallienne etablierte Bankhead neben anderem als glitzernde Bisexuelle. Die rauchig sprechende, unerhörte, unwiderstehliche Bankhead wusste, dass es einer Verführerin niemals schadet zu gestehen, dass sie die Dinge so weit treibt wie nötig.

Wenn Sie bisexuell sind oder es jemals waren, dann behalten Sie das nicht für sich. Bieten Sie ihm die frechen Einzelheiten, die er so gerne hören möchte. Wenn es ihn nicht zu Tode erschreckt – und das könnte es –, dann steigert das Ihren dunklen Reiz. Vielleicht, nur vielleicht stehen Sie am Abgrund. Sie brauchen Colettes befreite Prosa, um sie anzuspornen. Wie sagt man doch? »Hol es dir,

Mädchen!« Sie können die klebrige Schokolade jederzeit wieder zurück in die Packung stecken, wenn es nichts für Sie ist. Warten Sie, sind das Schweißperlen, die sich da auf Ihrer Stirn bilden? Entspannen Sie sich. Colette würde nicht wollen, dass Sie etwas tun, was Sie nicht erregt, obwohl ich glaube, dass Sie sie vermutlich für hoffnungslos spießig hielte.

Sie werden dumme Sachen tun, aber tun Sie sie mit Enthusiasmus.

— Colette

Bringen Sie eine Freundin mit oder sagen Sie einfach, Sie würden es tun. Die Fantasie kann genauso effektiv sein wie die Wirklichkeit – für die meisten Männer ist sie es noch mehr. Ein Mann, der an heißen Lesbensex denkt, will nicht unbedingt mitmachen. Er will sich das Bühnenbild nur vorstellen.

LOCKEN SIE MÄNNER INS SCHLAFZIMMER?

Sie haben natürlich einen enormen Sexappeal, aber locken Sie Männer ins Schlafzimmer? Sind Sie eine Frau, die zu ihrem Wort steht, oder machen Sie lauter sexuelle Versprechen, die Sie nicht halten? Wenn Sie öfter mit Ja antworten, dann sind Sie eine Verführerin, hinter der die Männer herlechzen.

+ *Suchen Sie selbst im Alltag bewusst erotische Bühnen?*
+ *Wurden Sie schon ein »böses Mädchen« genannt?*
+ *Sind Sie sich bei einem Gespräch mit einem Mann genauso darüber bewusst, wie Sie etwas sagen, als darüber, was sie sagen?*
+ *Vermeiden Sie sexuelle Langeweile?*
+ *Sind Sie bereit, die Fantasien eines Mannes auszuleben, selbst wenn sie überzogen erscheinen?*
+ *Macht es Sie nicht verlegen, Ihre eigenen Fantasien auszusprechen oder auszuleben?*
+ *Finden Sie, dass die sexuelle Befriedigung der Frau genauso wichtig ist wie die des Mannes?*
+ *Mögen Sie Sex, der ein bisschen gefährlich ist?*
+ *Macht es Sie an, über Sex zu sprechen?*
+ *Empfinden Sie bestimmte Arten von Pornografie als erregend?*
+ *Denken Sie, dass es Zeiten gibt, in denen die Frau die sexuelle Initiative ergreifen sollte?*

Stehen Sie auf eigenen Füßen

WAS STECKT HINTER DEM BETÖRENDEN RUF DER SIRENE? Es ist ihr Talent, ein Individuum zu sein. Was sie tut, das tut sie richtig. Die Verführerin drückt der Welt ihren Stempel auf – was sie wiederum nur noch unwiderstehlicher macht. Um es mit den Worten eines Mannes zu sagen: »Eine Frau, die mir Bewunderung abringt, lässt mich viel eher glauben, dass sie es wert ist, mich in sie zu verlieben.«

Eine Verführerin rückt ihre besonderen Talente und Stärken so lange ins rechte Licht, bis sie strahlen. Sie verwendet all ihre Energie darauf, unverfroren und stark zu sein, wo immer es sie hinführt. Sie ist vielleicht eine Rebellin, die für etwas kämpft, oder eine intelligente Schönheit, die die heikelsten politischen Probleme lösen kann. Vielleicht haut sie die Männer um, indem sie ein Lied singt, das sie mitten ins Herz trifft. Sie lebt in vollen Zügen, bietet die süßesten Früchte an und hat mehr als genug Charisma, um ihnen den Weg zu weisen. In diesem Kapitel lernen Sie nur einige der Verführerinnen kennen, die Expertinnen darin waren, auf eigenen Füßen zu stehen.

Mitten im Ersten Weltkrieg wurde Edith Piaf unter einer Straßenlaterne in einem Arbeiterviertel von Paris geboren. Sie war keine typische Verführerin und sie lockte die Männer im wahrsten Sinne des Wortes mit der Macht ihrer Lieder. Clare Boothe Luce ruhte sich niemals auf den Lorbeeren ihres hübschen Gesichts aus. Sie eroberte die Herzen von begehrenswerten Männern mit ihrem feurigen Intellekt. Und was sollte man an Susan Sarandon nicht lieben? Sie kämpft für das, was richtig ist – und wurde dadurch zur Verführerin, von der der intelligente Mann träumt.

Kämpfen Sie für etwas

Susan Sarandon

GEBORENE SUSAN ABIGAIL TOMALIN (*1946)

MUTTER-VERFÜHRERIN

In dem Film *Thelma und Louise* fahren Susan Sarandon und Geena Davis in einem alten grünen Cabrio mit Vollgas nach Mexiko. Was als ein Wochenende ohne ihre Versager-Ehemänner beginnt, gerät immer mehr außer Kontrolle. Sie werden in zwei Staaten gesucht und sind den Gesetzeshütern nur ein oder zwei Stunden voraus. Diese großartigen Desperados sind längst jenseits der Reue. Ihr Zuhause hat ihnen nichts zu bieten. Der Trucker, der sie auf dem Highway mit obszönen Gesten beleidigt, bekommt mehr zurück, als er erwartet hätte. Nachdem sie ihn flirtend von der Straße gelockt haben, schießt ihm Thelma mit einem Revolver in die Reifen. Louise lässt den Truck in vulkanische Einzelteile explodieren. Für jede Frau, die sich schon mal mit Abschaum wie ihm abgeben musste, ist die Szene eine süße Rache, eine stellvertretende Genugtuung. *Thelma und Louise* sind Verführerinnen-Rebellinnen mit Designer-Sonnenbrillen.

Sarandon (Louise) ist die unterdrückte Glucke mit einer prüden Hochfrisur und dem Hang zur Spaßbremse. Alles ist natürlich nicht so, wie es zunächst scheint. Louise verdrängt den Horror einer Vergewaltigung, und in ihr brodelt eine Wut, die irgendwann explodieren muss. Sarandon ist am provokativsten, wenn sie für Gerechtigkeit sorgt. Das ist die Rolle, die ihr auf den Leib geschrieben ist. Solange sie denken kann, hatte sie »einen ausgeprägten Gerechtigkeitssinn«. Heute hängt ihr Verführerinnen-Image davon ab.

STEHEN SIE AUF EIGENEN FÜSSEN **217**

Susan Abigail Tomalin wuchs als älteste von neun Geschwistern auf – eine Mutter-Verführerin mit besten Startchancen. Sie heiratete den Schauspieler Chris Sarandon im College, als das »wilde Zusammenleben« die Gesellschaft noch schockierte. In einer jener Geschichten, die das Schicksal schrieb, nahm Chris sie zu einem Vorsprechen mit, und die Karriere der großäugigen Susan begann. *Pretty Baby* und die *Rocky Horror Picture Show* machten sie bekannt, aber die richtige Verführerin kam erst noch. Nach ihrer Scheidung wurde sie von Regisseuren wie Franco Amurri und Louis Malle begleitet. Ihre Karriere geriet über die Rolle des naiven Mädchens ins Stocken.

Als Hausfrau, die sich ständig einmischt, wurde Sarandon in *Tödliche Beziehungen* als köstlich bewertet. Diese Stimme war Milch mit Alkohol und ein bisschen Zimt. Aber erst, nachdem sie die aufreizende Mutterfigur in *Annies Männer* spielte, erreichte sie endlich das Ziel. Sarandon war vierzig – meine Güte, praktisch schon abgehalftert – und kam eigentlich nicht für die Rolle in Frage, weil sie zu alt war. Das änderte sich nach ihrem Vorsprechen. Als Annie Savoy war sie eine »sexuelle Missionarin«, eine Kleinstadtlehrerin, die dem Baseball huldigte. Annie verwandelt einen jungen Werfer (Tim Robbins) in ein Ass, indem sie ihn mit wildem Sex und Walt Whitmans Versen behandelt. »Sarandon ist so unwiderstehlich in dieser Rolle«, schrieb ein Kritiker, »dass einem vielleicht erst hinterher klar wird, dass sie eine absolute Männerfantasie ist.« Die Mutter-Verführerin schleicht sich oft lautlos an.

Nach dem Film nahm Sarandon ihren achtundzwanzigjährigen Filmpartner mit nach Hause. Das Paar wurde eine Art Bonnie und Clyde für die Konservativen. Flüchtlinge aus Haiti, Welthunger, Menschenrechte, AIDS-Opfer, Frauenfragen und der Golfkrieg – Sarandon kämpft für Frieden und Benachteiligte. »Sie ist die liberalste Person, der ich in meinem Leben jemals begegnet bin«, sagte einer ihrer treuesten Verehrer. Gefragt, ob sie glaube, dass ihre Ansichten ihrer Karriere manchmal geschadet hätten, antwortet sie: »Das ist, als mache man sich Sorgen, dass die eigene Unterhose vielleicht zu sehen ist, während man aus einem brennenden Haus flieht.« Tatsächlich scheint eine Fahrt in die Stadt in der grünen Minna zu helfen. »Ihre offenkundige Intelligenz, ihr politischer Aktivismus und ihre reife Sinnlichkeit machen sie zum Objekt der Begierde des denkenden Mannes«, schrieb ein Filmkritiker, »aber sie lässt sich nie nur auf ihren Sexappeal reduzieren.«

Sarandon kann zwanzig Pfund zunehmen und eine alkoholkranke Kellnerin mit Tränensäcken unter den Augen spielen – Frühstück bei ihr – und trotzdem verführen. Sie kann ziemlich »verlebt« aussehen (um ihre Worte zu benutzen) und dennoch die »mütterliche Sinnlichkeit« verkörpern, von der Männer träumen. Als knurrende Wölfin zeigt Sarandon, dass mehr zum Frausein gehört als nur gutes Aussehen.

Susans Lektion

In *Dead Man Walking* beleuchtete Sarandon die Todesstrafe. In öffentlichen Verlautbarungen kämpfte sie für die freien Bürgerrechte und für Schwule in Hollywood. Sie belehrte bei der Verleihung der Academy Awards – und protestierte öffentlich gegen das brutale Vorgehen der Polizei bei einer Kundgebung im Central Park. Sie hat mehr als einmal im Namen der öffentlichen Empörung und der Frauenvereinigung im Gefängnis gesessen. Die Welt liebt eine Heldin – vor allem eine, die bereit ist, einen Kampf auszufechten. Ein paar Schläge haben einer aufstrebenden Rebellin noch nie geschadet. Sehen Sie sich Jeanne d'Arc an – sie war *definitiv* eine Verführerin, die bereit war, für ihre Sache einzustehen. Es ist kein Zufall, dass sie von einigen der glamourösesten Frauen Hollywoods gespielt wurde.

Eine Frau, die wirklich *glaubt*, hat unglaublich viel Sexappeal. Und mit glauben meine ich nicht die Überzeugung, dass »das Ende naht«. Oder dass es Massenvernichtungswaffen gibt, auch wenn die Beweise dafür fehlen. Sie müssen für die Themen, bei denen es ums Ganze geht, so viel Mut zusammennehmen, wie Sie in den Tiefen Ihrer aufgewühlten Seele finden können – jedenfalls wenn Sie eine Rebellin-Verführerin sein wollen, die ihn verrückt macht. In den Siebziger Jahren machten Vanessa Redgrave und Julie Christie das Radikale schick. Brad war verzaubert von Angelinas Bedürfnis, die Welt zu retten. Im Schlafzimmer und außerhalb schießt ihm die leidenschaftliche Frau einen Pfeil ins Herz. Vergessen Sie nur nicht, auf dem Weg auch mal zu lächeln.

In Midtown protestiert eine Gruppe von grimmigen Trommlerinnen, die sich *Women in Black* nennen, gegen etwas, das ich irgendwie nie ganz verstanden habe. Das sind Frauen, die die Leute wahrscheinlich nicht von ihren Anliegen überzeugen werden, es sei denn, es ginge gegen die Wiedereinführung des wadenlangen Rocks. Warum ist Susan Sarandon die Rebellin-Verführerin, die Männer anmacht? Weil sie verstanden hat, dass radikale Botschaften, die in schicke Flaschen gefüllt sind«, leichter durch die Kehle rinnen. Bei Sarandon ist Protest gleichzeitig immer besonders überzeugend und glamourös.

WÄHLEN SIE EIN CHARMANTES ZIEL

Es gibt wirklich eine Vereinigung, die »Welpen hinter Gittern« heißt, aber wenn Sie ihr beitreten, dann werden Sie Ihren Status als Verführerin damit wohl nicht erhöhen. Und Sie können die Wale retten, aber erwarten Sie nicht, damit in romantischer Hinsicht zu punkten. Es sind die epischen Fragen der Moral, die Prestige bringen – und der liberale Weg ist immer vorzuziehen. Es hat viel mehr Sexappeal, gegen das Establishment zu arbeiten als dafür. Kämpfen Sie für Frieden, amerikanische Wildtiere, für alles, was grün und nachhaltig ist. Setzen Sie sich für die Unterdrückten überall auf dem Globus ein. Aber um richtig zu kämpfen, müssen Sie daran glauben. Wählen Sie ein Ziel, von dem Sie wirklich überzeugt sind.

Setzen Sie sich für Menschenrechte und Umweltschutz ein. Bieten Sie sofort Hilfe an, wenn irgendwo ein Unfall passiert ist. Greifen Sie sich einen Kameramann und fahren Sie ins Kriegsgebiet à la Christiane Amanpour. Wenn Sie ankommen, dann nehmen Sie Ihr Ziel – aber nicht sich selbst – todernst. Denken Sie an Ihre Frisur und Ihre Garderobe. Seien Sie nicht so eine Heilige (oder Märtyrerin), dass man die appetitliche Sünderin in Ihnen nicht mehr erkennt. Die Rebellin-Verführerin setzt sich leidenschaftlich ein, bis es Zeit wird, es für den Tag gut sein zu lassen. Machen Sie sich Gedanken über den Zustand der Welt, weil das genau das ist, was Männer an Ihnen mögen. Aber achten Sie darauf, dass die Fakten und ihre Ziele richtig sind. Es schadet nicht, ein bisschen glamourös zu sein. Sie sind eine Verkäuferin, im besten Sinne der Welt. Ihr Mut und Ihre Überzeugung werden durch ein ansprechendes Äußeres unterstützt.

STEHEN SIE AUF EIGENEN FÜSSEN 221

Feilen Sie an Ihrem Talent

Edith Piaf

GEBORENE GASSION (1915–1963)

SEXBOMBE-/MUTTER-VERFÜHRERIN

»Sehen Sie sich dieses kleine Wesen an, Hände wie Eidechsen zwischen Ruinen ... Augen voller Staunen, wie ein blinder Mann, der plötzlich sehen kann«, schrieb der Dramatiker Jean Cocteau. »Wie wird sie singen? Wie will sie diese großartige nächtliche Wehklage aus dieser kleinen Brust pressen? Haben Sie schon mal eine Nachtigall gehört? Sie strengt sich an, zögert, krächzt, würgt. Und dann, plötzlich, singt sie. Sie sind verzaubert.«

Mit ausgestreckten Armen sang Edith Piaf von dem flüchtigen Triumph der Liebe, dann vom Verlassenwerden und der Härte des Schicksals. Es war wie in *Wie das Leben so spielt* – auf Französisch und ohne die teuren Klamotten. Mit ihrem blassen und fahlen Mondgesicht war die Piaf das ewige Gassenkind, selbst auf dem Höhepunkt ihrer Popularität. Ihre Texte, von ihrer rauen Stimme getragen, trafen tief in die Seele und sprachen von einer universellen Angst. »Ihre Auftritte machten Männer verrückt«, schrieb ein Kritiker. Sie »lehnten sich in ihren Sitzen vor, als wollten sie sie in die Arme nehmen«. Männer überschütteten die Piaf mit der Bewunderung, nach der sie sich sehnte, und hinterließen zu Hause wütende Frauen.

»Eine Stimme wie ihre gibt es nur einmal alle hundert Jahre«, schrieb ihre Schwester. »Sie zwang sich nicht, ›realistisch‹ zu sein.« Edith Gassion wurde in den Arbeiterstraßen geboren, von denen sie sang – wortwörtlich auf einem Polizeiumhang unter einer Straßenlaterne. Sie zog mit ihrer Kunst umher, zuerst als Gast bei

STEHEN SIE AUF EIGENEN FÜSSEN **223**

ihrem Akrobaten-Vater, und dann mit ihrer Halbschwester Simone. Die beiden schmuddeligen kleinen Damen sangen sich an Straßenecken das Herz aus dem Leib vor einer bezauberten »Flut von Männern«. Ein Nachtclubbesitzer machte Edith zu *La môme Piaf* – dem kleinen Spatz. Bald war ihr Ruhm international; ihre Texte zu Hits wie *La vie en rose* und *Non, je ne regrette rien* wurden zweifellos überall auf der Welt unter der Dusche gesungen. Das amerikanische Publikum war zuerst verwirrt von dem französischen Straßenkind, dann kaufte es Karten wie verrückt. »Piaf ist die beste Champagnerverkäuferin in den USA«, schrieb ein Kritiker. »Sobald sie in einem Nachtclub singt, wird einem vor lauter Emotion die Kehle trocken.«

»Ich habe noch nie einen Mann gesehen, der Edith widerstehen konnte«, schrieb ihre Schwester. Wenn sie nicht gerade sturzbetrunken war, dann verlangte sie nachts ein Männerbein »neben sich« im Bett. Es war ein ständiges Kommen und Gehen – ihre Schwester dachte darüber nach, Nummern zu vergeben, um sie nicht durcheinanderzubringen. »Ich habe Hängebrüste, einen breiten Hintern und kleine herabhängende Pobacken«, sagte Edith. »Aber ich kann immer noch Männer haben.« Piaf nahm sich Liebhaber und verlangte, dass sie nach ihren Regeln spielten – darunter die Sänger Charles Aznavour, Yves Montand und Jacques Pils. Ihre »große Liebe« war der Boxer Marcel Cerdan, von ihr vergöttert, nachdem er auf den Azoren mit dem Flugzeug verunglückte. Für Piaf dauerte die Liebe manchmal nur vierundzwanzig Stunden – allerhöchstens zwei oder drei Jahre. Ihr Mantra war: »Eine Frau, die sich verlassen lässt, ist ein armer Tropf. Es gibt genug Männer ... besorg dir Ersatz.«

Wenn die Liebe nur noch lauwarm ist, dann erhitze sie entweder oder lass es. Die Liebe hält sich nicht eisgekühlt.

— Edith Piaf

Piaf zog ihre Männer gerne an und »unterrichtete« sie. Sie strickte ihnen Pullover, die nicht passten. Sie war eine Mutter-Verführerin, deren Geschick im Haushalt katastrophal war. Es war der »feine« Liebhaber, der sie mit den hygienischen Wundern vertraut machte, die eine Zahnbürste vollbringen kann. Die verliebte Edith »verzehrte sich ... war eifersüchtig und besitzergreifend ... hatte Zweifel ... heulte auf ... schloss ihre Männer ein ... und betrog sie«, schrieb ihre Schwester. Eigentlich war sie »unerträglich«. Doch ihr »hypnotischer Sirenengesang« mit seinen kätzchenhaften Erzählungen von fehlgeleiteter Unschuld war unwiderstehlich.

Später verlebt und drogensüchtig lockte der Spatz die Männer mit seinen Liedern immer noch an und ließ sie auf die Felsen auflaufen. Ihr letzter Ehemann von dreien, ein süßer Sänger namens Theo Sarapo, war nur halb so alt wie sie. »Er bemerkte nicht, dass Ediths Hände ganz knotig waren«, sagte ihre Schwester, »oder dass sie aussah, als sei sie hundert Jahre alt.«

Ediths Lektion

Auf einer Tour durch Amerika brach Edith Piaf erschöpft und alkoholisiert zusammen. Ein hübscher junger Bewunderer schickte ihr Veilchen und wurde zu ihr ans Bett gelassen. Piaf sah aus wie das hintere Ende eines falsch gelebten Lebens – und genau das war sie. »Er scherte sich nicht um ihr eingefallenes, verwüstetes Gesicht, ihre spindeldürren Arme, ihre riesige nackte Stirn, ihre krank aussehende Haut«, schrieb Piafs Schwester. Er besuchte sie immer wieder, als stünde sie noch auf der Bühne, im verzaubernden Schein der Scheinwerfer. »Ihre Schönheit lag in ihrem Talent« – und dieses Talent veränderte sie.

»Talent ist wie Elektrizität«, sagte die Dichterin Maya Angelou. »Wir verstehen Elektrizität nicht. Wir benutzen sie – um eine Lampe zum Leuchten zu bringen, um ein Herz wieder schlagen zu lassen, um eine Kathedrale zu erhellen ...«

Talent zieht an, manchmal die Massen. Ohne Talent – sehen wir den Tatsachen ins Auge – hätte die kleine Edith Gassion aus Pigalle nicht einmal genug Hitze erzeugt, um den Rauchmelder Alarm schlagen zu lassen. Ihr Talent war so groß, dass das winzige Mädchen mit dem »Pulchinello-Gesicht« in das Reich der Verführerinnen aufgenommen wurde.

Ich habe geglaubt
zu viel, zu viel, zu viel,
all dieses leere Geschwätz
an Straßenecken.
Die Leute haben es mir so oft gesagt,
ich habe es so oft gehört,
»Ich bete dich an« und
»Für den Rest meines Lebens«.
Und wozu das alles? Für wen das alles?
Ich dachte, ich hätte alles gesehen.
Alles getan, gesagt, gehört.
Und ich sagte zu mir:
»Ich werde nicht mehr
darauf hereinfallen!«
Und dann kam er.

J'EN AI TANT VU *von Michel Emer mit René Rouzzaud*

Es ist nicht neu, dass Talent sexy ist. Schon seit Urzeiten haben Frauen es benutzt, um zu verführen, zusammen mit Schönheit, Verstand und Sex. Ihr Talent vergoldet die Lilie; was immer sie anfängt, es wird sie in seinen Augen aufwerten. Piafs »Talent kompensierte viele Dinge«, schrieb ihre Schwester. Wir wissen, dass das stimmt. In unseren kühnsten Träumen, was tun wir da? Wir singen vor Menschenmassen, malen Meisterwerke oder schreiben großartige Gedichte. Wir glauben, dass Talent uns Reichtum, Bewunderung und Liebe bringen wird. Und das wird es. Wir haben das alle schon Dutzende Male miterlebt.

LERNEN SIE JONGLIEREN

Vielleicht singen Sie nicht wie eine Nachtigall, malen nicht wie Picasso und schreiben nicht wie die Autorin von Stolz und Vorurteil (oder, machen wir Sie nicht kleiner, als Sie sind, vielleicht können Sie es ja). Es wird Zeit, einen Partytrick zu lernen. Suchen Sie sich etwas, das schwer zu lernen ist – wie Jonglieren –, und üben Sie, bis Sie es können. Es wird genügend Möglichkeiten geben, Ihre Fertigkeit vorzuführen. Warten Sie es ab. Männer werden mehr als beeindruckt sein.

»Jeder Mensch wird mit einem Talent geboren«, glaubt Angelou. Es ist Ihre Aufgabe, herauszufinden, was es ist. Denken Sie daran, dass Talent sehr viele unterschiedliche Formen haben kann und immer noch lockt. Die athletische Eleganz meiner Cousine begeisterte Männer immer wieder – obwohl es Frauen schwerfällt, den Grund dafür zu verstehen. Vielleicht haben Sie ein Talent für geistreiche Trinksprüche, haben eine geniale Finanzstrategie gefunden oder können Aluminiumfolie so wickeln, dass daraus ein Designer-Abendkleid wird. Üben Sie das, was Sie gut können, bis es glänzt und sicher sitzt. Dann verstecken Sie es unter einem »wunderschönen Schleier der Bescheidenheit«, um noch mehr Aufmerksamkeit darauf zu lenken.

Bilden Sie sich weiter

(1903–1987)

Clare Boothe Luce

GÖTTIN-/KONKURRENTIN-VERFÜHRERIN

Auf einer Party in New York im Sommer 1932 richtete Clare Boothe ihre Aufmerksamkeit auf Henry Luce – einen Mann, der sich allen anderen intellektuell überlegen fühlte. »Clare war viel zu clever dafür, beeindruckt von ihm zu wirken«, erinnert sich die Gastgeberin. Sie lehnte sich lässig an die Seite des Flügels, machte geistreiche Bemerkungen und lachte, als mache ihr gar nichts auf der Welt Sorgen. Sie lockte Luce, den Gründer des Zeitungskonzerns Time Inc., mit Kritik an dem Wirtschaftsmagazin Fortune an. Kühn stellte sie ihm ihre Pläne für ein mit Fotos illustriertes Format vor, aus dem später das *Life*-Magazin wurde. Abrupt sah Luce auf seine Armbanduhr, beendete das Gespräch und ließ Clare wütend zurück. Noch nie war sie mit solcher Gleichgültigkeit behandelt worden. Doch als sie sich das nächste Mal trafen – auf einer Party im Waldorf Astoria – beschloss Luce innerhalb von Minuten, seine Frau zu verlassen. Er behauptete, es sei ein *Coup de foudre* – ein Blitzschlag gewesen. Luce sagte, er hätte seinen lange gesuchten geistigen Zwilling in Clare gefunden.

Clare Boothe wäre auch nur mit ihrem strahlenden Aussehen über die Runden gekommen. Die »zauberhafte Lieblichkeit« ihres Blicks und ihre Porzellanhaut waren unvergesslich. Aber ihr Ehrgeiz war es, »in der Welt der Männer aufzusteigen« und sie mit ihren Leistungen zu beeindrucken. Als sie Luce kennenlernte, war sie Chefredakteurin der *Vanity Fair* und hatte ihre geistreichen Essays unter dem Titel *Stuffed Shirts* veröffentlicht. Danach schrieb sie sehr erfolgreiche Broadway-

Stücke und eine scharfsinnige historische Abhandlung über die Alliierten vor dem Zweiten Weltkrieg. Auf dem Höhepunkt ihrer Karriere erhielt Clare zweimal einen Sitz im Kongress und wurde Präsident Eisenhowers Botschafterin in Italien. Nach ihren eigenen Angaben war Churchills Formulierung »Blut, Schweiß und Tränen« ihre Idee, und sie erfand auch den Namen für Franklin D. Roosevelts »New Deal«. Auf dem Weg dorthin ging sie mit einigen der reichsten und mächtigsten Männern der Welt ins Bett, die vor allem ihren Scharfsinn lobten.

Boothes Mutter heiratete ihren Vater nie – die Schande der Familie – und ernährte die Familie hauptsächlich von ihren Einnahmen als Prostituierte. Ein reicher Ehemann war Clares Fahrkarte in ein besseres Leben, wenn sie nur dazu hätte überredet werden können, sich ruhig zu verhalten. »Sprich nicht über so komplizierte Sachen mit ihnen«, drängte ihre Mutter. »Lass sie niemals sehen, was die Räder eigentlich antreibt.« Clare bevorzugte den Weg der Göttin. Mit zwanzig zog sie sich George Tuttle Brokaw an Land, einen älteren, alkoholkranken New Yorker Erben. Ihr Flirten brachte ihn beinahe um den Verstand. Er betete sie an. Durch die großzügige Abfindung, die er ihr bei der Scheidung fünf Jahre später zahlte, konnte Clare Karriere machen – nur zum Spaß. Sie stellte sich bei der *Vogue* vor, setzte sich an einen Tisch und textete Überschriften, bis sie sich geschlagen gaben und ihr ein Gehalt zahlten.

Wenn Gott wollte, dass wir mit unserem Bauch denken, warum hat er uns dann ein Gehirn gegeben?

— *Clare Boothe Luce*

»Ich bevorzuge es, mit genialen Männern allein zu sein«, sagte Clare. Die Bewerber waren zahlreich. Teilweise musste sie in einem Monat drei oder vier Verehrer gleichzeitig unterbringen, von denen alle von ihrem scharfen Verstand bezaubert waren. Bei *Vanity Fair* begann sie eine Beziehung mit ihrem Chef, der seinen aufgehenden Stern förderte. Er stellte eine Underwood-Schreibmaschine in ihr Liebesnest und spornte sie an. »Sobald er mich auf eigene Füße gestellt hatte, wollte er mich auf dem Rücken liegen haben«, scherzte sie. Condé Nast, der Herausgeber der *Vanity Fair*, begehrte sein »intellektuelles Vorzeigeobjekt«. »Geblendet« von ihrem flinken Verstand nannte der Finanzier Bernard Baruch sie den »besten weiblichen Intellekt«.

Wenn sie verliebt war, hielt sich Clare an die entschlossene Philosophie der Göttin-Verführerin: »Es gibt nur einen Weg, die Liebe am Leben zu erhalten – lass sie hungern!« Der Schriftsteller Paul Gallico verfiel in zwanghafte Verhaltensweisen, als Clare eine Verabredung mit ihm absagte. Er war nicht der Erste, der bemerkte, dass sie sich zurückzog, wenn er ihr seine Liebe erklärte, nur um wiederzukommen, sobald er den Rückzug antrat. Sie schätzte keine Männer, die »zu leicht zu haben« waren. Die Liebe, die »wohl am längsten hält«, war für La Boothe die, die nicht erwidert wurde.

»Der beste Schutz für eine Frau ist der richtige Mann«, schrieb sie in ihrem Stück *The Woman*. Henry Luce besaß ein großes Vermögen, ein intellektuelles Imperium, einen Stammbaum. Er war genau der Ehemann, von dem sie immer geträumt hatte, selbst wenn sie ihn nicht wirklich liebte. Während ihrer Affäre – von der alle wussten – wurde Clare seine »Ideenlieferantin«. Sie dachte über *Time* und *Fortune* nach und schickte ihm detaillierte Memos mit Verbesserungsvorschlägen. Sie besaß ein gutes Gespür für Seitenlayout. Im Bett sprachen sie über das Weltgeschehen und amüsierten sich mit Wortspielen, manchmal bis zum Morgengrauen. Der stolze Luce demonstrierte anderen gerne ihre Klugheit. Als Luce kurz zögerte, seine Frau zu verlassen, verschwand Clare. Ihr Trick funktionierte. »Wenn ich je den geringsten Zweifel an meiner Scheidung hegte«, schrieb er, »dann habe ich jetzt keine mehr.« 1935 heirateten sie in kleinem Rahmen.

Die Ehe mit Luce überstand Clares Ehrgeiz – und ihre Taktlosigkeiten – nicht immer unbeschadet. Er bettelte stets um die Aufmerksamkeit seiner Frau oder bat sie, von irgendwo auf der Welt zu ihm zurückzukehren. »Ich liebe dich«, schrieb sie.

»Vergib mir, dass ich es dir nicht beweise, indem ich öfter bei dir bin.« Luces reiche Witwe ging als Mitglied des State Department von Präsident Reagan wieder in die Welt hinaus.

Clares Lektion

Clares »muskulöser« Verstand war ein wesentlicher Bestandteil ihres Sexappeals. Luce fand ihren einschüchternden Intellekt »anbetungswürdig«. Wenn sie sich nicht dazu gedrängt gesehen hätte, ihn auf einen stotternden Narren zu reduzieren, dann hätte sie die ultimative Gefährtin jedes Mannes an der Spitze eines Unternehmens sein können. Clare musste beweisen, dass sie sehr viel mehr war als Luces mentaler Gegenpart; sie war absolut außergewöhnlich. Zu ihrem Entsetzen registrierten die Redakteure des *Life*-Magazins, dass sie »der wirkliche Chef« war. Gesellschaftlich hielt sie Hof und wies Luce eine rein funktionale Rolle zu. Als er im Bett – mit zunehmender Häufigkeit – »versagte«, genoss sie es, diese Nachricht zu verbreiten.

WÄGEN SIE IHRE WORTE AB

Manchmal ist es besser, nichts zu sagen und für ein Dummchen gehalten zu werden, als den Mund aufzumachen und alle Zweifel zu beseitigen – eine alte Weisheit, die immer ein exzellenter Rat ist. Seien Sie nicht so begierig darauf, intelligent zu erscheinen, dass Sie gewagte Thesen über Themen aufstellen, über die Sie nicht ausreichend informiert sind. Wenn Sie generell klüger wirken möchten, dann rät die Linguistin Deborah Tannen dazu, schneller zu sprechen. Und meiden Sie bedeutungslose Wörter.

Vor zwanzig Jahren berichtete *Newsweek*, dass eine kluge, erfolgreiche Frau über dreißig eher einem Terroranschlag zum Opfer fallen würde, als zu heiraten. Was für ein Tiefschlag. Frauen bemühten sich rasch, ihr geistiges Niveau zu senken. Männer beklagten ihr plötzlich fehlendes Rückgrat. 2006 verkündete das Buch *Why Smart Men Marry Smart Women* (Warum kluge Männer kluge Frauen heiraten), dass neunzig Prozent der erfolgreichen Männer eine intelligente Frau wollen – was nach den Männern klingt, die ich kenne. Männer flirten *heftig* mit Mädchen mit Brillen. »Eine Frau, die mir Bewunderung abringt«, gestand ein Mann der *Times*-Kolumnistin Maureen Dowd, »lässt mich viel eher glauben, dass sie es wert ist, mich in sie zu verlieben.«

Wenn das der Fall ist, warum hält sich dann hartnäckig das Gerücht, Männer bevorzugten dumme Frauen? Na ja, einige tun das. Und es ist zweifellos so, dass der Traum vom stummen Playboy-Häschen etwas in ihnen zum Klingen bringt. Aber seit Menschengedenken finden Männer intelligente Unterhaltungen erregend; im Venedig des sechzehnten Jahrhunderts waren sie sogar bereit, dafür zu zahlen. Sie suchen nicht nach einer Frau, die sich kein richtiges Bild machen kann. Aber *niemand* mag eine Frau, die glaubt, dass Verstand alles ist, was auf der Welt zählt. »Ich will auf keinen Fall, dass mein Privatleben den erbarmungswürdigen Zustand des amerikanischen Geschäftslebens widerspiegelt«, schrieb ein Mann an Dowd, wo alle glauben, dass sie so verdammt klug sind, dass sie »kaum je etwas Sinnvolles tun«.

Im besten Fall bot Clare Boothe ihren überlegenen Verstand als erfreuliches Geschenk an – im schlimmsten Fall war er eine schonungslose Waffe. Man könnte ihr Leben als eine warnende, aber auch als eine inspirierende Geschichte sehen. Abschließend bleibt zu sagen, dass eine kluge Frau ohne »Zentralheizung« – wie die Boothe – ihre Verführerinnen-Ziele unterläuft. Machen Sie einen Doktor in Quantenphysik. Schreiben Sie eine Weltgeschichte. Heilen Sie Krebs oder geben Sie der Stammzellenforschung eine neue Bedeutung. Aber glaub nicht, du wärst ein Gottesgeschenk, Mädchen.

Überlegenheit ist unerträglich für ihn; denken Sie nicht, dass es sie attraktiv macht. Niemand schmiegt sich gerne an jemanden, der sich benimmt, als müsse er einen Dummkopf ertragen. Er sucht nach einer Freundin, nicht nach einer Gegnerin. Kritisches Denken ist sexy, so lange es nicht darum geht, seine Fehler unter die Lupe zu nehmen.

STEHEN SIE AUF EIGENEN FÜSSEN?

Haben Sie Angst davor, das Beste aus sich herauszuholen, oder vernachlässigen Sie die Qualitäten, die Sie zu etwas Besonderem machen? Zeigen Sie, was Sie haben, und treiben Sie es auf die Spitze. Denken Sie über die unten stehenden Fragen nach. Wenn Sie die meisten davon mit Ja beantworten, dann stehen Sie auf eigenen Füßen.

- *Glauben Sie, dass Leistungen Frauen eher mehr als weniger attraktiv für Männer machen?*
- *Sind Sie in der Lage, Ihre Vorzüge objektiv zu beurteilen?*
- *Machen Sie das Beste aus Ihren Talenten?*
- *Sind Sie leidenschaftlich, wenn Ihnen etwas am Herzen liegt?*
- *Sind Sie willens, für das zu kämpfen, was Ihnen wichtig ist?*
- *Glauben Sie, dass kluge Männer kluge Frauen mögen?*
- *Üben Sie einen Beruf aus, in dem Sie das anbringen können, was Sie zu bieten haben?*
- *Arbeiten Sie an der Spitze Ihrer Branche?*

Schlusswort

Egal, wie sehr sich die Wahrnehmung der Liebe durch die Jahrhunderte verändert hat: Was die Verführerin unwiderstehlich macht, ist grundlegend. Doch die Nuancen ihrer Macht sind unendlich. Alle Verführerinnen haben natürlich absolutes Vertrauen in ihre Attraktivität. Sie beten Männer an. Ihre Vitalität ist grenzenlos, aber hier trennen sich ihre Wege. Jede Verführerin hat ihre eigene verlockende DNA, und die werden Sie auch haben.

Wer hat das Gerücht in die Welt gesetzt, dass Männer ihre Frauen blond und dumm bevorzugen? Oder dunkelhaarig, schweigsam und geheimnisvoll? Die Verführerin zerstört diese Mythen sehr häufig. Große Vorbilder zeigen uns, dass wir Männern sehr viel mehr Respekt zollen müssen, als wir es tun. Sehen Sie sich um. Männer mögen Frauen, die intelligent, rothaarig, explosiv und willensstark sind. Oder mollig, lustig, blond und unabhängig. Manchmal mögen sie sie jungenhaft und furchtlos – oder unglaublich talentiert. Aber vor allem lieben Männer Frauen, die sie an sich heranlassen. Es ist die abwehrende Dame, die immer leer ausgeht.

Eine Verführerin erobert vielleicht mit ihren hausfraulichen Qualitäten, während eine andere sie mit ihrem sicheren Instinkt auf dem Börsenparkett oder auf der Jagd zur Strecke bringt. Die Göttin-Verführerin gibt sich unnahbar, während ihre Schwester, die Kameradin, sofort zur Liebe bereit ist, sobald er sie fragt. Meine Großmutter und meine Mutter – beides Weltklasse-Verführerinnen – näherten sich Männern und der Liebe auf ihre ganz eigene überzeugende Weise. Es ist ein weites Feld für die Verführerin, die kreativ ist.

Während ich diese bemerkenswerten Frauen näher kennenlernte, habe ich ihren Mut immer bewundert. Sie sind Verführerinnen, die ihren Männern beigestanden haben oder den Mut hatten, sie zu verlassen, wenn sie es mussten. Manche heirateten nie – Coco Chanel zum Beispiel. Aber nicht eine verlor jemals ihr kolossales Selbstvertrauen oder ließ sich von gesellschaftlichen Erwartungen diktieren, wer sie war. Alle weigerten sich standhaft, sich einordnen zu lassen.

Eva Perón ermutigte mich, mir meinen ersten bodenlangen Nerz zu kaufen. Carole Lombard bewies, dass Lustigsein mehr Sexappeal haben kann als nackte Haut. Durch Mae West musste ich beim Bettgeflüster umdenken, und Nigella Lawson gab mir das Rezept zum Verführen. Es war mir eine große Ehre, Zeit mit diesen Verführerinnen zu verbringen, während ich dieses Buch schrieb. Ich hatte oft das Gefühl, dass sie mir über die Schulter schauen und mich ermutigen, weiterzumachen. Ihre Worte sind immer noch so weise und lebendig wie zu dem Zeitpunkt, als sie von ihnen ausgesprochen wurden. Ihr Geist ist jetzt ein Teil von mir – für immer. Ich hoffe, er wird auch ein Teil von Ihnen.

Danksagung

Wenn man anfängt, ein Buch zu schreiben, vor allem wenn es das erste ist, dann hat man eigentlich keine Ahnung, was für eine stürmische Reise das wird – oder wie wichtig Familie und Freude und sogar die Familien der Freunde sind, wenn einem die Ideen ausgehen oder einen der Gedanke quält, dass man sich hoffnungslos verrannt hat. Für ihr geduldiges Lesen, ihren Rat und ihre Anmerkungen, ihr Lob, ihre Fürsprache, Unterstützung und/oder ihre Zuhörerqualitäten möchte ich mich bedanken bei Emily Beck, Bob Doerr, Nancy Fee, Lane Gifford, Lee Gifford, Enid und Steve Gifford, Grace Harvey und Jack Tigue, Whit Johnston, Anne Kay, Marla Musick, Wendy Osher, Hope Rogers, Liz Smith, Pam Taylor, Alexandra Weems und Sally Wiggin, ebenso bei meinen Brüdern Lawrence White und Steve White, ihren Frauen Beth White und Alice Cooke und meinem verstorbenen Vater Bonsal White. Mein Dank gilt aber auch Adrian Zackheim dafür, dass er als einer der Ersten an meine Idee glaubte und dafür eintrat und mir viele, viele Türen öffnete, die mir sonst verschlossen geblieben wären. Ich bin Barbara Bergeron und Tina Hoerenz für ihre scharfen Lektorenaugen dankbar. Ich danke Christy Fletcher und Bridie Clark für ihre Hilfe bei der Strukturierung des Buches, und Brian deLorey und Peter Gay dafür, dass sie viele der außergewöhnlichen Frauen vorgeschlagen haben, die der Leser hier findet. Was mich zu meiner talentierten Lektorin Diana von Glahn bringt, die sofort auf die Idee zu diesem Buch reagierte, sich dafür einsetzte und genau verstand, wie ich mir es vorstellte. Mein aufrichtiger Dank gilt auch Amy Williams, meiner Agentin, für ihre unermüdliche Repräsentation; Susan Van Horn für ihr tolles Buchdesign; und Susan Oyama für ihre goldrichtige Bildrecherche. Und natürlich wäre das alles nichts ohne die Verführerinnen von damals und heute, deren Leben mich inspiriert hat – von Kleopatra und Jennie Jerome bis zu meiner Mutter und meiner Großmutter, Mollie Brent Johnston Lucas und Mathilde Manly Kernan ebenso wie Amanda Switzer, Esther Schweitzer und Georgie Manly. Und dann möchte ich noch ganz besonders Paul Dixon danken, dessen großzügige Ermutigung und dessen Glaube an Träume mir halfen, meinen zu verwirklichen.

Bibliografie

John Barnes: Evita. First Lady, 1978.

Maria Bellonci: Lucrezia Borgia, 2003.

Bob Berkowitz: His Secret Self, 1997.

Simone Berteaut: Piaf, 1979.

Lesley Blanch: The Wilder Shores of Love, 1954.

Marie Brenner: Great Dames. What I Learned from Older Women, 2000.

Colette: The Complete Claudine, 1956.

Benedetta Craveri: The Age of Conversation, 2005.

Lucy Ellis & Bryony Sutherland: Nicole Kidman. The Biography, 2002.

Nicholas Fraser and Marysa Navarro: Evita. The Real Life of Eva Perón, 1996.

West D. Gehring: Carole Lombard. The Hoosier Tornado, 1977.

Françoise Giroud: Alma Mahler or the Art of Being Loved, 1991.

Michael Grant: Cleopatra, 2004.

Susan Griffin: The Book of Courtesans. A Catalogue of Their Virtues, 2001.

Warren G. Harris: Sophia Loren. A Biography, 1998.

C. David Heyman: A Woman Named Jackie, 1989.

Katie Hickman: Courtesans, 2003.

Russell Warren Howe: Mata Hari. A True Story, 1986.

Edgar McKay: Angelina Jolie. Angel in Disguise, 2003.

Greg King: The Duchess of Windsor. The Uncommon Life of Wallis Simpson, 1999.

Diana E. E. Kleiner: Cleopatra and Rome, 2005.

Nigella Lawson: Feast, 2004.

Anita Leslie: Lady Randolph Churchill, 1969.

Joel Lobenthal: Tallulah! The Life & Times of a Leading Lady, 2004.

Axel Madsen: Chanel – A Woman of Her Own, 1990.

Ralph G. Martin: Jennie. The Life of Lady Randolph Churchill, 1969.

Sylvia Jukes Morris: Rage for Fame. The Ascent of Clare Boothe Luce, 1997.

Barry Paris: Garbo, 1994.

Betsy Prioleau: Seductress. Women Who Ravished the World and Their Lost Art of Love, 2003.

Margaret F. Rosenthal: The Honest Courtesan. Veronica Franco, Citizen and Writer in Sixteenth-
Century Venice, 1992.

Ishbel Ross: The Uncrowned Queen. Life of Lola Montez, 1972.

The Divine Sarah: The Life of Sarah Bernhardt, 1991.

Bruce Seymour: Lola Montez. A Life, 1996.

Marc Shapiro: Susan Sarandon, 2001.

Gilly Smith: Nigella Lawson, 2006.

Loren Stover: The Bombshell Manual of Style, 2001.

Donald Spoto: Jacqueline Bouvier Kennedy Onassis. A Life, 2000.

Donald Spoto: Marilyn Monroe. The Biography, 1993.

Annette Tapert & Diana Edkins: The Power of Style, 1994.

Judith Thurman: Secrets of the Flesh. A Life of Colette, 1999.

Errol Trzebinski: The Lifes of Beryl Markham, 1993.

Henri Troyat: Catherine the Great, 1977.

Betty Jo Tucker: Susan Sarandon. A True Maverick, 2004.

Barbara Walters: How to Talk with Practically Anybody About Practically Anything, 1970.

Emily Wortis Leider: Becoming Mae West, 1997.

Bildnachweis

AP IMAGES: 23, 33, 124, 194, 228. ART RESOURCE, NEW YORK: 61: Cyclists (1891). National Archives. © HIP. BRIDGEMAN ART LIBRARY: Cover: Sir Frank Dicksee: Leila (1892, Detail). Private Collection. © The Fine Art Society, London. 13: Herbert James Draper: Odysseus und die Sirenen (1910, Detail). © Leeds Museum and Galleries (City Art Gallery). 25: Sandro Botticelli: Die Geburt der Venus (ca. 1485, Detail). Galleria degli Uffizi, Florenz (Giraudon). 37: Gotthardt Johann Kuehl: Verliebte im Café. Berko Fine Paintings, Knokke-Zoute (Belgien). 49: John Collier: Lilith (1887, Detail). © Atkinson Art Gallery, Southport Lancashire. 73: Peter Paul Rubens: Dianas Rückkehr von der Jagd (1616, Detail). Gemäldegalerie Alte Meister, Dresden. © Staatliche Kunstsammlungen, Dresden. 87: Dante Gabriel Rossetti: A Sea Spell (1875-1877, Detail). Fogg Art Museum, Harvard University Art Museum. 102: Sir Lawrence Alma-Tadema: Antonius und Kleopatra. © Private Collection. 123: James Jacques Joseph Tissot: Der Empfang oder Die Ambitionierte (ca. 1883-1885). Albright Knox Art Gallery, Buffalo, NY. 130: Sarah Bernhardt im Kostüm (ca. 1860). Fotografiert von Nadar. Bibliothèque de L'Arsenal, Paris (Giraudon). 149: Sir Frank Dicksee: La Belle Dame Sans Merci (1902, Detail). © Bristol City Museum and Art Gallery. 179: Sir Frank Dicksee: Leila (1892, Detail). Private Collection. © The Fine Art Society, London. 193: Fedor Stepanovich Rokotov: Porträt Katharinas II. (ca. 1770, Detail) Ermitage, St Petersburg. 213: John William Waterhouse: Die Sirene (1900, Detail). Private Collection. GETTY IMAGES: 26, 38, 50, 74, 88, 97, 114, 136, 150, 164, 180, 200, 206 (Roger-Viollet) 216, 221. THE IMAGE WORKS: 158 (Lebrecht Music & Arts), 188 (Topham), 222 (Gaston Paris/Roger-Viollet). THE PICTURE DESK: 94: © MGM/The Kobal Collection. 105: Alexandre Cabanel: Cleopatra (1887). The Art Archive/Musée des Beaux Arts, Antwerpen (Gianni Dagli Orti). 142: © Paramount/ The Kobal Collection/Stephen Vaughan. 185: © CCC/Concordia/The Kobal Collection. MERIDIAN FINE ARTS PUBLISHING: 156: Tintoretto: Bildnis der Kurtisane Veronica Franco. WISCONSIN HISTORICAL SOCIETY ARCHIVES: 62 (Classicstock.com).

Die amerikanische Originalausgabe erschien 2007 unter dem Titel
Simply Irresistible bei Running Press Book Publishers.
Die deutsche Ausgabe wurde leicht gekürzt.

ISBN 978-3-85179-102-0

Alle Rechte vorbehalten

2. Auflage 2010

Copyright © 2007 by Ellen T. White
and Running Press Book Publishers, Philadelphia
Copyright © 2009 der deutschsprachigen Ausgabe:
Thiele Verlag in der
Thiele & Brandstätter Verlag GmbH,
München und Wien
Umschlag- und Innengestaltung: Christina Krutz Design, Riedstadt
Druck und Bindung: Grasl Druck & Neue Medien, Bad Vöslau

www.thiele-verlag.com